35 Ejercicios para aprender Tkinter.

Desde Cero.

Índice

Introducción.

Tkinter es la biblioteca estándar de Python para crear interfaces gráficas de usuario (GUI). Proporciona herramientas simples pero poderosas para desarrollar aplicaciones con interfaces gráficas que funcionan en diferentes sistemas operativos, como Windows, macOS y Linux.

Características Principales:

Facilidad de Uso: Tkinter es relativamente fácil de aprender y usar, especialmente para principiantes en programación. Su sintaxis clara y simple permite crear interfaces gráficas de manera rápida.

Plataforma Cruzada: Las aplicaciones desarrolladas con Tkinter son portables y funcionan en múltiples sistemas operativos sin cambios significativos en el código.

Widgets Gráficos: Ofrece una amplia gama de widgets (elementos de la interfaz gráfica) como botones, etiquetas, cuadros de texto, menús desplegables, ventanas emergentes, entre otros.

Eventos y Manejo de Eventos: Permite manejar interacciones del usuario, como hacer clic en botones, ingresar texto o mover el mouse, mediante la vinculación de eventos a funciones específicas.

Integración con Python: Tkinter está integrado con Python, lo que significa que no se requiere instalar librerías externas para utilizarlo, ya que viene incluido con la instalación estándar de Python.

Funcionamiento Básico:

- *Creación de Ventanas*: Para iniciar una aplicación Tkinter, se crea una ventana principal (`Tk`) que sirve como contenedor para los widgets.
- *Widgets y Diseño:* Los widgets se colocan en la ventana principal y se configuran con propiedades específicas, como texto, tamaño, colores, etc. Estos widgets se organizan mediante sistemas de diseño como `pack`, `grid` o `place`.
- *Manejo de Eventos*: Los eventos, como hacer clic en un botón o ingresar texto en un campo, se manejan mediante la vinculación de funciones a estos eventos.

Capítulo 1: Introducción a las Interfaces Gráficas de Usuario

Breve historia y conceptos básicos de GUI.

La historia de las Interfaces Gráficas de Usuario (GUI) es fascinante y esencial para comprender su relevancia en la informática moderna.

Breve Historia de las GUI:

- *Década de 1960-1970:* Antes de las GUI, las interacciones con las computadoras eran principalmente a través de líneas de comandos y textos. En los laboratorios de investigación como el Xerox PARC, se exploraron conceptos tempranos de interfaces gráficas.
- *Xerox PARC y Alto*: En la década de 1970, Xerox PARC desarrolló la computadora Alto, que presentaba una interfaz gráfica pionera. Introdujo conceptos como ventanas superpuestas, iconos, el mouse y menús desplegables.
- *Apple Lisa y Macintosh*: Apple adoptó la idea de la GUI de Xerox PARC. En 1983, Apple Lisa fue la primera computadora comercial en presentar una GUI orientada al usuario común. Luego, en 1984, la Macintosh popularizó aún más la GUI.
- *Microsoft Windows:* En 1985, Microsoft lanzó Windows 1.0, su primer sistema operativo con una interfaz gráfica de usuario. A lo largo de los años, Windows evolucionó y se

convirtió en una de las plataformas más utilizadas en el mundo.

Conceptos Básicos de GUI:

- *Widgets:* Los elementos visuales de una GUI, como botones, etiquetas, cajas de texto, menús, etc., se denominan widgets. Permiten a los usuarios interactuar con la aplicación.
- *Ventanas y Marcos*: Las aplicaciones GUI se construyen utilizando ventanas principales y posiblemente marcos (frames) para organizar y estructurar los widgets.
- *Eventos y Respuestas:* Los eventos, como hacer clic en un botón o escribir texto, desencadenan respuestas en la aplicación. Estas respuestas están asociadas a funciones específicas, conocidas como "funciones de respuesta" o "callback functions".
- *Diseño y Usabilidad*: La estética, disposición y facilidad de uso son fundamentales en el diseño de una GUI efectiva. Los principios de diseño como la consistencia, la retroalimentación y la simplicidad son importantes para una buena usabilidad.

Las GUI han revolucionado la informática al hacer que las computadoras sean más accesibles para los usuarios, permitiendo interacciones intuitivas a través de elementos visuales y simplificando la forma en que interactuamos con la tecnología. Desde las primeras exploraciones en Xerox PARC hasta las interfaces modernas, las GUI han transformado la forma en que interactuamos con la tecnología digital.

Introducción a Tkinter y su importancia en Python.

Introducción a Tkinter:

- ¿Qué es Tkinter? Tkinter es una biblioteca estándar de Python para crear interfaces gráficas de usuario. Proviene de la biblioteca gráfica Tk, desarrollada originalmente para el lenguaje de programación Tcl (Tool Command Language).
- La Importancia de Tkinter en Python: Tkinter es la herramienta predeterminada y más comúnmente utilizada para crear interfaces gráficas en Python. Viene preinstalado con la mayoría de las distribuciones de Python, lo que lo convierte en una opción accesible y conveniente para los programadores.
- Simplicidad y Facilidad de Uso: Tkinter es conocido por su facilidad de uso y su sintaxis simple y directa. Permite a los desarrolladores crear aplicaciones con GUI de manera rápida y relativamente sencilla, ideal para principiantes y usuarios intermedios.
- Plataforma Cruzada: Las aplicaciones desarrolladas con Tkinter son portables, lo que significa que funcionarán en múltiples sistemas operativos, como Windows, macOS y Linux, sin cambios significativos en el código.

Importancia de Tkinter en el Desarrollo con Python:

- Interfaz entre Código y Usuario: Tkinter facilita la creación de interfaces gráficas que permiten a los usuarios interactuar con el código Python de una manera más visual e intuitiva.
- Desarrollo de Aplicaciones Complejas: Aunque Tkinter es conocido por su simplicidad, también puede utilizarse para construir aplicaciones complejas y sofisticadas, incluyendo sistemas de gestión, herramientas de análisis de datos, aplicaciones científicas, etc.
- Complemento con otras Bibliotecas: Tkinter puede combinarse con otras bibliotecas de Python, como Matplotlib para visualización de datos, Pandas para manipulación de datos, y más, lo que amplía enormemente su funcionalidad y versatilidad.

Tkinter es una puerta de entrada al mundo de las interfaces gráficas en Python, ya que proporciona una base sólida para comprender los principios fundamentales de la construcción de GUI. Su simplicidad y accesibilidad lo convierten en una opción popular para aquellos que desean desarrollar aplicaciones con interfaces visuales en Python.

Capítulo 2: Configuración Inicial con Tkinter

Configuración del entorno de desarrollo para trabajar con Tkinter.

La configuración del entorno de desarrollo para trabajar con Tkinter en Python es bastante simple, ya que Tkinter viene preinstalado con la mayoría de las distribuciones estándar de Python. Aquí hay pasos básicos para configurar tu entorno:

Paso 1: Verificar la Instalación de Python

- Asegúrate de tener Python instalado en tu sistema. Puedes verificar abriendo una terminal o línea de comandos y escribiendo `python --version` o `python3 --version`.
- Si Python no está instalado, descárgalo e instálalo desde el sitio web oficial de Python: Python.org.

Paso 2: Comprobación de Tkinter

- Abre una terminal o línea de comandos.
- Escribe `python` o `python3` para abrir el intérprete de Python.
- En el intérprete de Python, escribe `import tkinter` y presiona Enter. Si no se producen errores, Tkinter está instalado y listo para su uso.

Paso 3: Configuración de un Entorno de Desarrollo

- Puedes trabajar con Tkinter utilizando cualquier entorno de desarrollo integrado (IDE) o editor de texto que prefieras.
- Algunos IDEs populares para Python incluyen PyCharm, Visual Studio Code, IDLE (el IDE incluido con la instalación de Python) y Thonny, entre otros.

Ejemplo de Uso Básico de Tkinter en un Archivo Python:

Para verificar que Tkinter funcione correctamente, puedes crear un archivo Python con un código simple que muestre una ventana:

```python
import tkinter as tk


root = tk.Tk()

root.title("Mi Primera Ventana con Tkinter")

label = tk.Label(root, text="¡Hola, Tkinter!")

label.pack()


root.mainloop()
```

Guarda este código en un archivo con extensión `.py`, por ejemplo, `mi_ventana.py`.

Luego, ejecuta este archivo desde tu terminal o IDE. Debería abrirse una ventana con el texto "¡Hola, Tkinter!".

Si estos pasos funcionan sin errores, tu entorno de desarrollo está configurado correctamente para trabajar con Tkinter en Python. Ahora estás listo para explorar y desarrollar aplicaciones con interfaces gráficas utilizando esta biblioteca.

Resultado:

Creación de la primera ventana y comprensión de la estructura básica.

La creación de la primera ventana con Tkinter es un paso fundamental para empezar a trabajar con interfaces gráficas en Python. Aquí te muestro cómo crear una ventana básica y la estructura básica del código con Tkinter:

Creación de la Primera Ventana con Tkinter:

```python
import tkinter as tk



# Crear una instancia de Tkinter

root = tk.Tk()

# Configurar las propiedades de la ventana

root.title("Mi Primera Ventana con Tkinter")

root.geometry("300x200")  # Establecer las
dimensiones de la ventana (ancho x alto)

# Mostrar la ventana (bucle principal)

root.mainloop()
```

Explicación de la Estructura Básica:

- `import tkinter as tk`: Importa la biblioteca Tkinter y la renombra como `tk`, lo que facilita su uso en el código.
- `root = tk.Tk()`: Crea una instancia principal de la clase `Tk()`, que representa la ventana principal de la aplicación.
- `root.title("Mi Primera Ventana con Tkinter")`: Establece el título de la ventana.
- `root.geometry("300x200")`: Define las dimensiones de la ventana. El formato es ancho x alto en píxeles.
- `root.mainloop()`: Inicia el bucle principal de la ventana, lo que hace que la ventana aparezca en la pantalla y esté lista para recibir interacciones del usuario. Este bucle se ejecuta hasta que se cierra la ventana.

Al ejecutar este código, deberías ver una ventana emergente con el título "Mi Primera Ventana con Tkinter" y las dimensiones de 300x200 píxeles. Esta ventana es la base sobre la cual puedes agregar diferentes widgets y funcionalidades para construir aplicaciones más complejas con Tkinter.

Capítulo 3: Widgets Básicos de Tkinter

Introducción a los widgets: etiquetas, botones, campos de entrada, etc.

Los widgets son elementos fundamentales en la creación de interfaces gráficas con Tkinter. Aquí te presento una introducción a algunos de los widgets más comunes:

Etiquetas (`Label`):

Las etiquetas son utilizadas para mostrar texto o imágenes estáticas en una ventana.

Ejemplo de uso de una etiqueta para mostrar un texto:

```python
import tkinter as tk


root = tk.Tk()

root.title("Ejemplo de Etiqueta")


label = tk.Label(root, text="¡Hola, esta es una etiqueta!")
```

```python
label.pack()


root.mainloop()
```

Resultado:

Botones (`Button`):

Los botones permiten a los usuarios interactuar con la aplicación ejecutando una acción cuando se hace clic en ellos.

Ejemplo de uso de un botón:

```python
import tkinter as tk


def clic():

 label.config(text="¡Haz hecho clic en el botón!")


root = tk.Tk()

root.title("Ejemplo de Botón")
```

```python
label = tk.Label(root, text="Presiona el botón")

label.pack()


boton = tk.Button(root, text="Clic aquí", command=clic)

boton.pack()


root.mainloop()
```

Resultado:

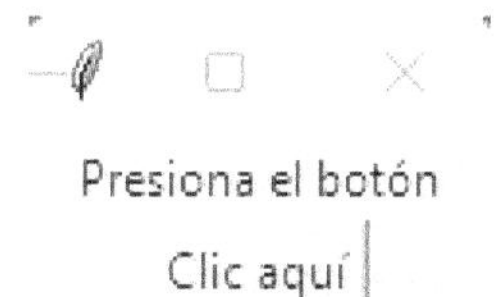

Campos de Entrada (`Entry`):

Los campos de entrada permiten al usuario ingresar texto.

Ejemplo de uso de un campo de entrada:

```python
import tkinter as tk
```

```python
def obtener_texto():

  texto_ingresado = entrada.get()

  etiqueta.config(text=f"Texto ingresado:
{texto_ingresado}")


root = tk.Tk()

root.title("Ejemplo de Campo de Entrada")


entrada = tk.Entry(root)

entrada.pack()


boton = tk.Button(root, text="Obtener Texto",
command=obtener_texto)

boton.pack()


etiqueta = tk.Label(root, text="")

etiqueta.pack()
```

```
root.mainloop()
```


Resultado:

Estos ejemplos muestran cómo crear y utilizar etiquetas, botones y campos de entrada en una ventana Tkinter. Los widgets son componentes esenciales para construir interfaces interactivas y funcionales en tus aplicaciones con Tkinter. Experimenta con ellos para comprender mejor su funcionamiento y cómo interactúan entre sí.

Cómo agregar y configurar widgets en una ventana.

Para agregar y configurar widgets en una ventana con Tkinter, se siguen pasos similares para cada tipo de widget. Aquí te muestro cómo agregar y configurar algunos widgets comunes en una ventana:

Agregar y Configurar Widgets en una Ventana:

Ejemplo con Etiqueta, Botón y Campo de Entrada:

```python
import tkinter as tk


def obtener_texto():

 texto_ingresado = entrada.get()

 etiqueta.config(text=f"Texto ingresado:
{texto_ingresado}")


# Crear la ventana principal

root = tk.Tk()

root.title("Ejemplo de Widgets")


# Etiqueta

etiqueta = tk.Label(root, text="¡Bienvenido!")

etiqueta.pack()
```

```python
# Botón

boton = tk.Button(root, text="Haz clic",
command=obtener_texto)

boton.pack()


# Campo de Entrada

entrada = tk.Entry(root)

entrada.pack()


# Etiqueta para mostrar texto ingresado

etiqueta_texto = tk.Label(root, text="")

etiqueta_texto.pack()


root.mainloop()
```

Resultado:

Este ejemplo muestra cómo agregar y configurar una etiqueta, un botón y un campo de entrada en una ventana con Tkinter. La función `obtener_texto` se activa cuando se hace clic en el botón y muestra el texto ingresado en la etiqueta de texto.

La función `pack()` se usa para organizar los widgets dentro de la ventana, y se pueden configurar los widgets mediante parámetros como `text`, `command`, entre otros, según el tipo de widget.

Puedes explorar más configuraciones y propiedades específicas de cada widget en la documentación oficial de Tkinter para adaptarlos a tus necesidades y diseñar interfaces más complejas y funcionales.

Capítulo 4: Diseño de Interfaces con Tkinter

Sistemas de diseño: `pack`, `grid` y `place`.

Los sistemas de diseño en Tkinter, como `pack`, `grid` y `place`, son métodos para organizar y posicionar los widgets dentro de una ventana o un contenedor. Cada uno tiene sus propias características y es útil en diferentes situaciones. Aquí te muestro una breve introducción a cada uno:

`pack()`:

- Descripción: `pack()` es uno de los métodos más simples para organizar widgets.
- Uso: Coloca los widgets uno debajo del otro o uno al lado del otro, dependiendo del argumento `side` (lado) especificado (`"top"`, `"bottom"`, `"left"`, `"right"`).
- Ventajas: Fácil de usar para diseños simples y rápidos.

  Ejemplo:

```python
etiqueta1.pack(side="top")

boton.pack(side="left")
```

```
etiqueta2.pack(side="bottom")
```

`grid()`:

- Descripción: `grid()` organiza los widgets en una cuadrícula.
- Uso: Los widgets se colocan en filas y columnas especificadas mediante los argumentos `row` (fila) y `column` (columna).
- Ventajas: Ideal para diseños más complejos, permitiendo un control preciso del posicionamiento.
- Ejemplo:

```
etiqueta1.grid(row=0, column=0)

boton.grid(row=1, column=0)

etiqueta2.grid(row=1, column=1)
```

-

`place()`:

- Descripción: `place()` permite posicionar widgets de forma absoluta especificando coordenadas x e y.
- Uso: Coloca widgets en ubicaciones específicas dentro de la ventana.
- Ventajas: Proporciona control preciso, pero puede ser más complejo y menos flexible para diseños dinámicos.
- Ejemplo:

```
etiqueta1.place(x=10, y=10)

boton.place(x=50, y=50)

etiqueta2.place(x=100, y=100)
```

Selección del Sistema de Diseño:

- Situaciones: Elige el sistema de diseño basado en la complejidad de tu diseño y la flexibilidad requerida.
- Flexibilidad vs. Control: `pack()` es rápido y fácil, `grid()` es más versátil para diseños complejos, y `place()` ofrece control absoluto pero es menos flexible.

Experimenta con estos sistemas para encontrar el que mejor se adapte a tus necesidades específicas de diseño de la interfaz gráfica en Tkinter.

Organización y disposición de los widgets dentro de la ventana.

La organización y disposición de los widgets dentro de la ventana con Tkinter es clave para diseñar una interfaz gráfica atractiva y funcional. Para lograr una disposición adecuada, es importante entender cómo organizar y estructurar los widgets utilizando los sistemas de diseño (`pack()`, `grid()` y `place()`). Aquí tienes algunas estrategias comunes para organizar los widgets:

Estrategias de Organización:

1. Uso de `pack()`:

- Vertical o Horizontal: Utiliza los argumentos `side` (`"top"`, `"bottom"`, `"left"`, `"right"`) para organizar widgets vertical u horizontalmente.

2. Utilización de `grid()`:

- Filas y Columnas: Crea una cuadrícula con filas y columnas usando los argumentos `row` y `column`.

3. Combinación de Sistemas:

- Mezcla de Métodos: A veces, puedes usar una combinación de `pack()` y `grid()` para organizar diferentes secciones de tu ventana.

Ejemplo de Organización de Widgets:

```python
import tkinter as tk


root = tk.Tk()
```

```python
root.title("Ejemplo de Organización")


# Usando pack()

etiqueta1 = tk.Label(root, text="Widget 1 - Pack")

etiqueta1.pack(side="top")


# Usando grid()

etiqueta2 = tk.Label(root, text="Widget 2 - Grid")

etiqueta2.grid(row=0, column=1)


# Combinando pack() y grid()

boton = tk.Button(root, text="Widget 3 - Combinación")

boton.pack(side="bottom")


entrada = tk.Entry(root)

entrada.grid(row=1, column=0)


root.mainloop()
```

En este ejemplo, se muestra cómo combinar `pack()` y `grid()` para organizar widgets en una ventana. La etiqueta 1 se coloca en la parte superior usando `pack()`, la etiqueta 2 se coloca en la cuadrícula en la fila 0 y columna 1 usando `grid()`, mientras que el botón se coloca en la parte inferior usando `pack()`, y la entrada se coloca en la fila 1 y columna 0 usando `grid()`.

La elección del método de organización depende de la complejidad del diseño que estés intentando lograr y de tu preferencia personal. Experimenta con diferentes combinaciones para obtener la disposición deseada de los widgets en tu interfaz gráfica con Tkinter.

Capítulo 5: Manejo de Eventos y Funciones Callback

Entender eventos de usuario: clics de botones, ingreso de texto, etc.

Entender los eventos de usuario en Tkinter es fundamental para crear aplicaciones interactivas. Los eventos, como clics de botones o ingreso de texto, desencadenan acciones específicas en la interfaz gráfica. Aquí te muestro cómo manejar algunos eventos comunes:

Eventos de Clic de Botón:

Para manejar eventos de clic de botón, se utiliza la función asociada al botón mediante el parámetro `command`.

```python
import tkinter as tk


def clic_del_boton():

 etiqueta.config(text="¡Haz hecho clic!")


root = tk.Tk()
```

```python
root.title("Eventos de Clic")


boton = tk.Button(root, text="Haz clic",
command=clic_del_boton)

boton.pack()


etiqueta = tk.Label(root, text="")

etiqueta.pack()


root.mainloop()
```

Resultado:

Eventos de Ingreso de Texto:

Para manejar eventos de ingreso de texto, puedes usar la función `bind()` y eventos específicos, como `"<Return>"` para la tecla Enter.

```python
import tkinter as tk


def obtener_texto(event):
 texto = entrada.get()
 etiqueta.config(text=f"Texto ingresado: {texto}")


root = tk.Tk()
root.title("Eventos de Ingreso de Texto")


entrada = tk.Entry(root)
entrada.pack()


entrada.bind("<Return>", obtener_texto)
```

```python
etiqueta = tk.Label(root, text="")

etiqueta.pack()


root.mainloop()
```

Resultado:

Otros Eventos:

Puedes manejar una variedad de eventos, como movimiento del ratón, teclas específicas o acciones de widgets, utilizando el método `bind()` y las cadenas de eventos correspondientes (`"<Motion>"`, `"<Key>"`, etc.).

El manejo de eventos es crucial para crear interfaces interactivas y receptivas en Tkinter. Puedes asociar funciones específicas a diferentes eventos para realizar acciones personalizadas cuando ocurran esos eventos en la interfaz gráfica.

Asociación de eventos con funciones callback.

La asociación de eventos con funciones callback es fundamental en Tkinter para responder a las interacciones del usuario. Aquí te muestro cómo asociar eventos específicos con funciones callback:

Ejemplo de Asociación de Eventos con Funciones Callback:

```
Evento de Clic de Botón:


import tkinter as tk


def clic_del_boton():
  etiqueta.config(text="¡Haz hecho clic!")


root = tk.Tk()

root.title("Asociación de Eventos")


boton = tk.Button(root, text="Haz clic")
```

```python
boton.config(command=clic_del_boton) # Asociar el
evento de clic con la función

boton.pack()


etiqueta = tk.Label(root, text="")

etiqueta.pack()


root.mainloop()
```

Evento de Ingreso de Texto:

```python
import tkinter as tk


def obtener_texto(event):
 texto = entrada.get()
  etiqueta.config(text=f"Texto ingresado: {texto}")


root = tk.Tk()

root.title("Asociación de Eventos")
```

```python
entrada = tk.Entry(root)

entrada.pack()


entrada.bind("<Return>", obtener_texto) # Asociar el
evento de Enter con la función

etiqueta = tk.Label(root, text="")

etiqueta.pack()


root.mainloop()
```

En ambos ejemplos, se asocian eventos específicos (clic de botón e ingreso de texto) con funciones callback (`clic_del_boton()` y `obtener_texto(event)`). La función callback se ejecutará cuando el evento correspondiente ocurra en la interfaz gráfica.

Es importante tener en cuenta que las funciones callback pueden tomar argumentos adicionales dependiendo del evento. Por ejemplo, la función `obtener_texto()` toma un argumento `event` para manejar el evento de Enter en el campo de entrada.

Al asociar eventos con funciones callback, puedes crear aplicaciones más dinámicas y receptivas en Tkinter, lo que permite a los usuarios interactuar con la interfaz de manera efectiva.

Capítulo 6: Trabajo con Múltiples Ventanas y Frames

Creación y gestión de múltiples ventanas en una aplicación.

Crear y gestionar múltiples ventanas en una aplicación Tkinter puede proporcionar una experiencia más dinámica y versátil para los usuarios. Aquí tienes un ejemplo que muestra cómo crear varias ventanas y cómo interactuar entre ellas:

```python
import tkinter as tk

class AppVentanas(tk.Tk):
 def __init__(self):
  super().__init__()

  self.title("Gestión de Múltiples Ventanas")

  self.boton_nueva_ventana = tk.Button(self,
text="Abrir Nueva Ventana",
command=self.abrir_nueva_ventana)
  self.boton_nueva_ventana.pack(pady=20)

  def abrir_nueva_ventana(self):
  nueva_ventana = VentanaSecundaria(self)
  nueva_ventana.title("Ventana Secundaria")
```

```python
    nueva_ventana.geometry("300x200+200+200")

class VentanaSecundaria(tk.Toplevel):
    def __init__(self, master):
        super().__init__(master)

        self.etiqueta = tk.Label(self, text="Esta es una
ventana secundaria")
        self.etiqueta.pack(pady=30)

        self.boton_cerrar = tk.Button(self, text="Cerrar
Ventana", command=self.cerrar_ventana)
        self.boton_cerrar.pack(pady=10)

    def cerrar_ventana(self):
        self.destroy()

if __name__ == "__main__":
    app = AppVentanas()
    app.mainloop()
```

En este ejemplo, al hacer clic en "Abrir Nueva Ventana", se crea
una nueva ventana secundaria. Puedes crear múltiples ventanas
secundarias y cerrarlas individualmente usando el botón "Cerrar
Ventana".

Este código utiliza las clases `tk.Tk()` para la ventana principal y
`tk.Toplevel()` para las ventanas secundarias. La ventana
secundaria se crea como una instancia de `Toplevel`, lo que
permite tener múltiples ventanas que son independientes entre sí.

Puedes expandir esta lógica para tener interacciones más
complejas entre las ventanas, como pasar datos de una ventana a
otra o controlar el flujo de la aplicación basado en acciones
realizadas en las distintas ventanas.

Uso de frames para organizar y estructurar contenido.

Usar frames en Tkinter es una forma eficaz de organizar y estructurar el contenido de una ventana. Los frames actúan como contenedores que permiten agrupar y organizar widgets dentro de una interfaz gráfica. Aquí tienes un ejemplo básico de cómo usar frames para estructurar el contenido:

```python
import tkinter as tk

class AppFrames(tk.Tk):
 def __init__(self):
 super().__init__()

 self.title("Uso de Frames")
 self.geometry("400x300")

 self.frame_principal = tk.Frame(self,
bg="lightgray")
 self.frame_principal.pack(fill=tk.BOTH,
expand=True, padx=20, pady=20)


 self.frame_superior =
tk.Frame(self.frame_principal, bg="white", bd=2,
relief=tk.GROOVE)
 self.frame_superior.pack(fill=tk.BOTH, expand=True,
padx=10, pady=10)

 self.etiqueta_superior =
tk.Label(self.frame_superior, text="Este es el Frame
Superior", font=("Arial", 12))
 self.etiqueta_superior.pack(padx=20, pady=20)
```

```python
  self.frame_inferior =
tk.Frame(self.frame_principal, bg="lightblue", bd=2,
relief=tk.GROOVE)
  self.frame_inferior.pack(fill=tk.BOTH, expand=True,
padx=10, pady=10)

  self.etiqueta_inferior =
tk.Label(self.frame_inferior, text="Este es el Frame
Inferior", font=("Arial", 12))
  self.etiqueta_inferior.pack(padx=20, pady=20)

if __name__ == "__main__":
 app = AppFrames()
 app.mainloop()
```

En este ejemplo, se crea una aplicación que contiene dos frames
(`frame_superior` y `frame_inferior`) dentro del `frame_principal`.
Cada frame tiene su propio color de fondo y contiene una etiqueta
como ejemplo de contenido.

- `frame_principal`: Actúa como el contenedor principal.
- `frame_superior` y `frame_inferior`: Son frames
  secundarios dentro del `frame_principal`.

Usando la opción `fill=tk.BOTH` y `expand=True`, los frames
secundarios se expanden para ocupar todo el espacio disponible
dentro del `frame_principal`.

Modificar los atributos y widgets dentro de cada frame te permite
organizar y estructurar tu interfaz de acuerdo con las necesidades
de tu aplicación. Puedes agregar más widgets, cambiar los
colores, ajustar el tamaño y la disposición para crear la estructura
deseada.

Capítulo 7: Construcción de Aplicaciones Simples

Desarrollo de aplicaciones básicas como calculadoras simples o reproductores de música sencillos.

Tanto las calculadoras simples como los reproductores de música básicos son proyectos excelentes para practicar y aprender más sobre Tkinter y la creación de interfaces gráficas en Python. Aquí tienes ejemplos básicos para ambos:

Calculadora Simple con Tkinter:

```python
import tkinter as tk

def calcular():
 try:
 resultado = eval(entrada.get())
 etiqueta_resultado.config(text=f"Resultado: {resultado}")
 except Exception as e:
 etiqueta_resultado.config(text="Error")

root = tk.Tk()
root.title("Calculadora Simple")

entrada = tk.Entry(root, width=25)
entrada.grid(row=0, column=0, columnspan=4)
```

```python
botones = [
 '7', '8', '9', '/',
 '4', '5', '6', '*',
 '1', '2', '3', '-',
 'C', '0', '=', '+'
]

row = 1
col = 0

for boton_text in botones:
 if boton_text == '=':
 tk.Button(root, text=boton_text,
command=calcular).grid(row=row, column=col,
columnspan=2)
 else:
 tk.Button(root, text=boton_text, command=lambda
x=boton_text: entrada.insert(tk.END,
x)).grid(row=row, column=col)
 col += 1
 if col > 3:
 col = 0
 row += 1

etiqueta_resultado = tk.Label(root, text="")
etiqueta_resultado.grid(row=row, column=0,
columnspan=4)

root.mainloop()
```

Resultado:

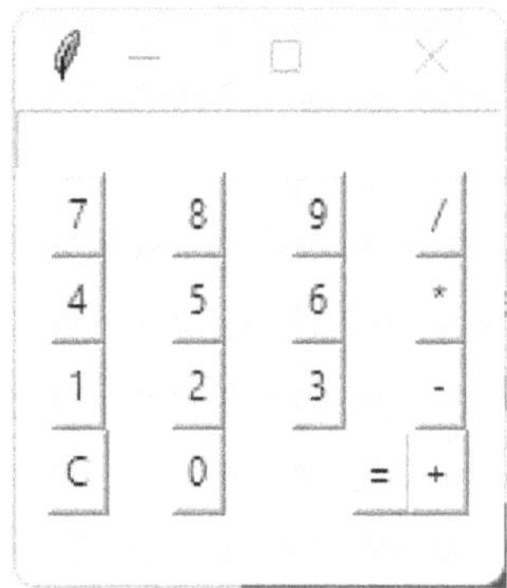

Reproductor de Música Básico con Tkinter:

```python
import tkinter as tk
from pygame import mixer

def play_music():
 mixer.init()
 mixer.music.load("path/to/your/music.mp3")
 mixer.music.play()

def stop_music():
 mixer.music.stop()

root = tk.Tk()
root.title("Reproductor de Música")

play_button = tk.Button(root, text="Play",
command=play_music)
play_button.pack()

stop_button = tk.Button(root, text="Stop",
command=stop_music)
stop_button.pack()
```

```python
root.mainloop()
```

Recuerda ajustar la ruta del archivo de música en el reproductor de música (`"path/to/your/music.mp3"`) para que funcione correctamente.

Estos ejemplos son versiones básicas para empezar. Puedes expandirlos agregando más funcionalidades y mejoras, como operaciones adicionales en la calculadora o controles de reproducción de música más avanzados. ¡Diviértete explorando y mejorando estos proyectos!

Integración de widgets y eventos para funcionalidades específicas.

La integración de widgets y eventos en Tkinter es esencial para añadir funcionalidades específicas a una aplicación. Aquí te muestro un ejemplo que combina widgets y eventos para crear una aplicación básica de dibujo:

Aplicación de Dibujo Simple con Tkinter:

```python
import tkinter as tk

def iniciar_dibujo(event):
 global prev_x, prev_y
 canvas.bind('<B1-Motion>', dibujar) # Asociar
movimiento del ratón a la función dibujar
 prev_x, prev_y = event.x, event.y
```

```python
def detener_dibujo(event):
 canvas.unbind('<B1-Motion>') # Detener el dibujo al
soltar el botón del ratón

def dibujar(event):
 global prev_x, prev_y
 x, y = event.x, event.y
 canvas.create_line(prev_x, prev_y, x, y, width=5,
fill='black') # Crear línea entre puntos
 prev_x, prev_y = x, y

root = tk.Tk()
root.title("Aplicación de Dibujo")

canvas = tk.Canvas(root, width=400, height=300,
bg='white')
canvas.pack()


canvas.bind('<Button-1>', iniciar_dibujo) # Evento
al presionar el botón del ratón
canvas.bind('<ButtonRelease-1>', detener_dibujo) #
Evento al soltar el botón del ratón

root.mainloop()
```

En este ejemplo:

- Se crea un lienzo (`Canvas`) donde se dibujará.
- Al presionar el botón del ratón (`<Button-1>`), se activa la función `iniciar_dibujo()` para comenzar a dibujar.
- Al mover el ratón mientras se mantiene presionado el botón (`'<B1-Motion>'`), se llama a la función `dibujar()` para trazar líneas.

- Al soltar el botón del ratón (`'<ButtonRelease-1>'`), se detiene el dibujo.

Este es un ejemplo básico que muestra cómo puedes integrar eventos del ratón con widgets (en este caso, el lienzo) para crear una funcionalidad específica, como una aplicación de dibujo. Puedes personalizar y expandir esta idea para crear aplicaciones más complejas con funcionalidades adicionales.

Capítulo 8: Proyecto Guiado: Aplicación de Notas

Proyecto paso a paso para desarrollar una aplicación de toma de notas con Tkinter.

Desarrollar una aplicación de toma de notas es un proyecto genial para practicar con Tkinter. Aquí tienes un ejemplo paso a paso para crear una versión básica de una aplicación de toma de notas:

Paso 1: Configuración Básica

- Crear la ventana principal.
- Añadir un `Text` widget para la entrada de texto.
- Incluir botones para guardar y limpiar las notas.

```python
import tkinter as tk

def guardar_nota():
 nota = texto.get("1.0", tk.END)
 with open("notas.txt", "w") as archivo:
 archivo.write(nota)

def limpiar_nota():
 texto.delete("1.0", tk.END)
```

```python
root = tk.Tk()
root.title("Aplicación de Toma de Notas")

texto = tk.Text(root, height=15, width=50)
texto.pack()

boton_guardar = tk.Button(root, text="Guardar Nota",
command=guardar_nota)
boton_guardar.pack()

boton_limpiar = tk.Button(root, text="Limpiar Nota",
command=limpiar_nota)
boton_limpiar.pack()

root.mainloop()
```

Paso 2: Funcionalidades Adicionales

- Agregar la opción de cargar una nota existente.
- Mejorar el diseño con etiquetas y disposición.

```python
import tkinter as tk

def guardar_nota():
 nota = texto.get("1.0", tk.END)
 with open("notas.txt", "w") as archivo:
 archivo.write(nota)

def cargar_nota():
 try:
 with open("notas.txt", "r") as archivo:
 contenido = archivo.read()
 texto.delete("1.0", tk.END)
```

```python
    texto.insert(tk.END, contenido)
    except FileNotFoundError:
    pass

def limpiar_nota():
    texto.delete("1.0", tk.END)

root = tk.Tk()
root.title("Aplicación de Toma de Notas")

etiqueta = tk.Label(root, text="Toma de Notas",
font=("Arial", 16))
etiqueta.pack()

texto = tk.Text(root, height=15, width=50)
texto.pack()

boton_guardar = tk.Button(root, text="Guardar Nota",
command=guardar_nota)
boton_guardar.pack(side=tk.LEFT, padx=5)

boton_cargar = tk.Button(root, text="Cargar Nota",
command=cargar_nota)
boton_cargar.pack(side=tk.LEFT, padx=5)

boton_limpiar = tk.Button(root, text="Limpiar Nota",
command=limpiar_nota)
boton_limpiar.pack(side=tk.LEFT, padx=5)

root.mainloop()
```

Este es un ejemplo básico que puedes expandir añadiendo más funcionalidades, como guardar múltiples notas, estilos de texto, funcionalidad de búsqueda, etc. Experimenta con estas ideas para hacer una aplicación de toma de notas más completa y funcional.

Implementación de funcionalidades como guardar, cargar y editar notas.

Vamos a expandir la aplicación de toma de notas para incluir funcionalidades de guardar, cargar y editar notas existentes. Aquí está una versión que incluye estas funcionalidades:

```python
import tkinter as tk

def guardar_nota():
 nota = texto.get("1.0", tk.END)
 with open("notas.txt", "w") as archivo:
 archivo.write(nota)

def cargar_nota():
 try:
 with open("notas.txt", "r") as archivo:
 contenido = archivo.read()
 texto.delete("1.0", tk.END)
 texto.insert(tk.END, contenido)
 except FileNotFoundError:
 pass

def limpiar_nota():
 texto.delete("1.0", tk.END)

root = tk.Tk()
root.title("Aplicación de Toma de Notas")
```

```python
etiqueta = tk.Label(root, text="Toma de Notas",
font=("Arial", 16))
etiqueta.pack()

texto = tk.Text(root, height=15, width=50)
texto.pack()

boton_guardar = tk.Button(root, text="Guardar Nota",
command=guardar_nota)
boton_guardar.pack(side=tk.LEFT, padx=5)

boton_cargar = tk.Button(root, text="Cargar Nota",
command=cargar_nota)
boton_cargar.pack(side=tk.LEFT, padx=5)

boton_limpiar = tk.Button(root, text="Limpiar Nota",
command=limpiar_nota)
boton_limpiar.pack(side=tk.LEFT, padx=5)

root.mainloop()
```

Esta aplicación permite guardar, cargar y limpiar notas. Para cargar y guardar, usa un archivo de texto llamado "notas.txt" en el mismo directorio que el script de Python. Puedes expandir estas funciones para añadir más características, como la edición de notas específicas, la gestión de múltiples notas y la organización por categorías, dependiendo de tus necesidades específicas.

Capítulo 9: Estilos, Temas y Personalización

Personalización de widgets, cambio de estilos y temas.

En Tkinter puedes personalizar widgets, cambiar estilos y aplicar temas para darle un aspecto visual más atractivo a tu aplicación. Aunque Tkinter no proporciona nativamente muchas opciones avanzadas de estilos y temas, aún puedes personalizar ciertos aspectos como colores, fuentes y tamaños. Te mostraré cómo hacerlo:

Cambio de Estilos y Temas Básicos:

Personalización de Colores y Fuentes:

```python
import tkinter as tk

root = tk.Tk()
root.title("Personalización de Widgets")

# Cambio de color de fondo y fuente del texto
```

```python
etiqueta = tk.Label(root, text="¡Hola, Tkinter!",
bg="lightblue", fg="navy", font=("Arial", 16))
etiqueta.pack()

root.mainloop()
```

Resultado:

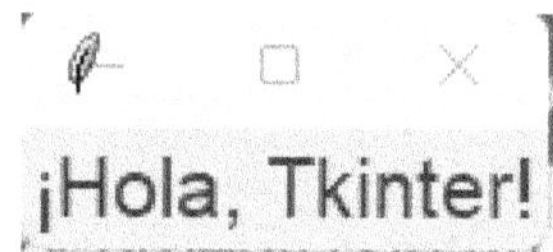

Cambio de Tema (Tema Dark):

Para un cambio más drástico, podrías utilizar estilos y configuraciones más avanzadas:

```python
import tkinter as tk
from tkinter import ttk

root = tk.Tk()
root.title("Cambio de Tema")

style = ttk.Style()
style.theme_use('clam') # Cambiar a otro tema, como
'clam', 'alt', 'default', etc.
```

```python
etiqueta = tk.Label(root, text="Tema Cambiado",
font=("Arial", 16))
etiqueta.pack()

root.mainloop()
```

Resultado:

Personalización Avanzada:

Para una personalización más avanzada, Tkinter no ofrece
herramientas internas tan poderosas como otras librerías GUI,
pero puedes explorar bibliotecas adicionales como `ttkthemes` o
`ttkbootstrap` que proporcionan más opciones de estilo y temas
predefinidos para Tkinter.

Ejemplo con ttkthemes:

```python
import tkinter as tk
from tkinter import ttk
from ttkthemes import ThemedStyle

root = tk.Tk()
root.title("Temas con ttkthemes")
```

```python
style = ThemedStyle(root)
style.set_theme("equilux") # Cambiar a un tema de
ttkthemes, como "equilux"

etiqueta = ttk.Label(root, text="Tema Cambiado",
font=("Arial", 16))
etiqueta.pack()

root.mainloop()
```

Estas bibliotecas externas pueden proporcionarte más opciones para cambiar la apariencia de tu aplicación en Tkinter. Experimenta con diferentes combinaciones y bibliotecas para encontrar el aspecto visual que mejor se adapte a tus necesidades y preferencias.

Resultado:

Creación de interfaces más atractivas y personalizadas.

Para crear interfaces más atractivas y personalizadas en Tkinter, puedes combinar varias técnicas y elementos. Aunque Tkinter tiene sus limitaciones en términos de diseño avanzado, aún puedes lograr interfaces atractivas utilizando algunas estrategias:

1. Uso de Imágenes y Gráficos:

- Incorpora imágenes (botones personalizados, íconos, fondos) para mejorar la estética.

```python
import tkinter as tk

root = tk.Tk()
root.title("Interfaz con Imágenes")

imagen = tk.PhotoImage(file="imagen.png") # Ejemplo
de cargar una imagen (ajusta la ruta)
label_imagen = tk.Label(root, image=imagen)
label_imagen.pack()

root.mainloop()
```

2. Utilización de Bibliotecas Externas:

- Considera utilizar bibliotecas externas como `Pillow` para manipular imágenes y `ttkthemes` para aplicar temas más avanzados.

3. Diseño Gráfico Personalizado:

- Implementa un diseño cuidadoso con un esquema de color agradable y fuentes legibles.
- Organiza widgets de manera efectiva, utilizando `pack()`, `grid()` o `place()`.

4. Uso de Estilos y Temas Personalizados:

- Explora las opciones de estilos y temas de `ttk` y `ttkthemes` para ajustar colores, fuentes y aspectos visuales.

5. Creación de Animaciones (Limitadas):

- Aunque Tkinter no ofrece animaciones complejas, puedes simular ciertos efectos mediante cambios dinámicos en propiedades de widgets.

```python
import tkinter as tk

def cambiar_color():
 label.config(fg="red")

root = tk.Tk()
root.title("Interfaz con Animaciones")
```

```python
label = tk.Label(root, text="Texto Cambiable")
label.pack()

# Simulación de animación al cambiar el color del
texto después de un tiempo
root.after(2000, cambiar_color) # Cambia el color
después de 2000ms (2 segundos)

root.mainloop()
```

Resultado:

6. Creación de Interfaces Modulares:

- Divide la interfaz en módulos reutilizables (funciones, clases) para mantener el código limpio y facilitar la actualización.

Tkinter no proporciona herramientas nativas para diseños altamente sofisticados, pero puedes lograr interfaces visualmente atractivas con creatividad, combinando elementos gráficos, organización cuidadosa y aprovechando las posibilidades ofrecidas por bibliotecas complementarias.

Capítulo 10: Integración con Otras Librerías y Módulos

Integración de Tkinter con otras bibliotecas para gráficos, bases de datos u otras funcionalidades.

Integrar Tkinter con otras bibliotecas puede potenciar las funcionalidades de tus aplicaciones. Aquí te muestro cómo integrar Tkinter con bibliotecas para gráficos (Matplotlib) y bases de datos (SQLite) para agregar funcionalidades adicionales:

Integración con Matplotlib para Gráficos:

Puedes mostrar gráficos dentro de una ventana Tkinter usando Matplotlib. Aquí hay un ejemplo básico:

```python
import tkinter as tk
from matplotlib.figure import Figure
from matplotlib.backends.backend_tkagg import
FigureCanvasTkAgg

def graficar():
 # Crear una figura de Matplotlib
 fig = Figure(figsize=(5, 4), dpi=100)
 plot = fig.add_subplot(1, 1, 1)
 plot.bar(["A", "B", "C"], [4, 7, 2])


 # Crear un lienzo de Matplotlib en Tkinter
 canvas = FigureCanvasTkAgg(fig, master=root)
 canvas.draw()
 canvas.get_tk_widget().pack()

root = tk.Tk()
root.title("Integración con Matplotlib")

boton_graficar = tk.Button(root, text="Mostrar
Gráfico", command=graficar)
boton_graficar.pack()

root.mainloop()
```

Integración con SQLite para Bases de Datos:

Puedes utilizar SQLite para manejar bases de datos dentro de tu aplicación Tkinter. Aquí tienes un ejemplo simple de cómo crear y consultar una base de datos SQLite:

```python
import tkinter as tk
import sqlite3

def crear_tabla():
 conexion = sqlite3.connect("datos.db")
 cursor = conexion.cursor()
 cursor.execute("CREATE TABLE IF NOT EXISTS usuarios
(id INTEGER PRIMARY KEY, nombre TEXT, edad
INTEGER)")
 conexion.commit()
 conexion.close()

def insertar_datos():
 conexion = sqlite3.connect("datos.db")
 cursor = conexion.cursor()
 cursor.execute("INSERT INTO usuarios (nombre, edad)
VALUES ('Ana', 25)")
 conexion.commit()
 conexion.close()

def mostrar_datos():
 conexion = sqlite3.connect("datos.db")
 cursor = conexion.cursor()
 cursor.execute("SELECT * FROM usuarios")
 filas = cursor.fetchall()
 for fila in filas:
 print(fila)
```

```python
    conexion.close()

root = tk.Tk()
root.title("Integración con SQLite")

crear_tabla()

boton_insertar = tk.Button(root, text="Insertar
Datos", command=insertar_datos)
boton_insertar.pack()

boton_mostrar = tk.Button(root, text="Mostrar
Datos", command=mostrar_datos)
boton_mostrar.pack()

root.mainloop()
```

Estos ejemplos muestran cómo integrar Tkinter con Matplotlib para gráficos y SQLite para bases de datos. Puedes ampliar estas integraciones para ajustarlas a tus necesidades específicas y construir aplicaciones más complejas y funcionales.

Ejemplos de cómo combinar Tkinter con Matplotlib, SQLite, etc.

Aquí tienes un par de ejemplos que combinan Tkinter con Matplotlib para graficar y SQLite para operaciones básicas de base de datos:

Integración de Tkinter con Matplotlib para Graficar:

```python
import tkinter as tk
from matplotlib.figure import Figure
from matplotlib.backends.backend_tkagg import
FigureCanvasTkAgg

def graficar():
 fig = Figure(figsize=(5, 4), dpi=100)
 plot = fig.add_subplot(1, 1, 1)
 plot.bar(["A", "B", "C"], [4, 7, 2])


 ventana_grafico = tk.Toplevel(root)
 ventana_grafico.title("Gráfico")

 canvas = FigureCanvasTkAgg(fig,
master=ventana_grafico)
 canvas.draw()
 canvas.get_tk_widget().pack()

root = tk.Tk()
root.title("Integración de Tkinter con Matplotlib")

boton_graficar = tk.Button(root, text="Mostrar
Gráfico", command=graficar)
boton_graficar.pack()

root.mainloop()
```

Resultado:

Integración de Tkinter con SQLite para Operaciones de Base de Datos:

```python
import tkinter as tk
import sqlite3

def crear_tabla():
 conexion = sqlite3.connect("datos.db")
 cursor = conexion.cursor()
 cursor.execute("CREATE TABLE IF NOT EXISTS usuarios
(id INTEGER PRIMARY KEY, nombre TEXT, edad
INTEGER)")
 conexion.commit()
 conexion.close()

def insertar_datos():
 nombre = entrada_nombre.get()
 edad = entrada_edad.get()

 conexion = sqlite3.connect("datos.db")
 cursor = conexion.cursor()
 cursor.execute("INSERT INTO usuarios (nombre, edad)
VALUES (?, ?)", (nombre, edad))
 conexion.commit()
 conexion.close()

def mostrar_datos():
 conexion = sqlite3.connect("datos.db")
 cursor = conexion.cursor()
```

```python
    cursor.execute("SELECT * FROM usuarios")
    filas = cursor.fetchall()
    for fila in filas:
    print(fila)
    conexion.close()

root = tk.Tk()
root.title("Integración de Tkinter con SQLite")

etiqueta_nombre = tk.Label(root, text="Nombre:")
etiqueta_nombre.pack()

entrada_nombre = tk.Entry(root)
entrada_nombre.pack()

etiqueta_edad = tk.Label(root, text="Edad:")
etiqueta_edad.pack()

entrada_edad = tk.Entry(root)
entrada_edad.pack()

crear_tabla()

boton_insertar = tk.Button(root, text="Insertar
Datos", command=insertar_datos)
boton_insertar.pack()

boton_mostrar = tk.Button(root, text="Mostrar
Datos", command=mostrar_datos)
boton_mostrar.pack()

root.mainloop()
```

Resultado:

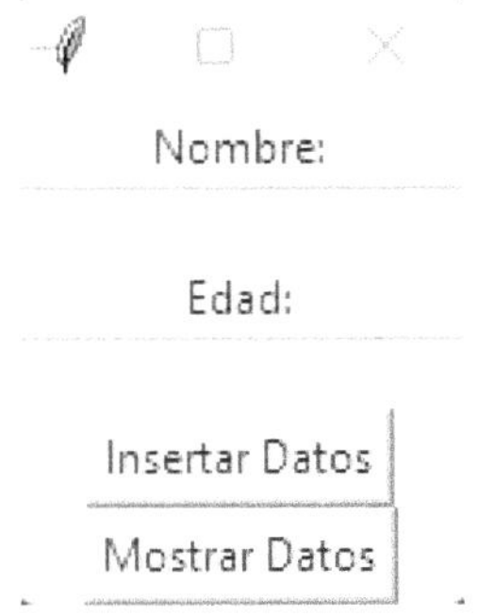

Estos ejemplos te muestran cómo integrar Tkinter con Matplotlib para mostrar gráficos y con SQLite para realizar operaciones básicas de base de datos. Puedes expandir estas integraciones para crear aplicaciones más complejas con interfaces gráficas interactivas y funcionalidades avanzadas de base de datos.

Capítulo 11: Consideraciones de Diseño y Mejoras de Usabilidad

Principios de diseño de interfaces de usuario.

Los principios de diseño de interfaces de usuario son pautas fundamentales que guían la creación de experiencias de usuario efectivas y satisfactorias. Aquí tienes algunos principios clave:

1. Usabilidad:

- Facilidad de uso: La interfaz debe ser intuitiva y fácil de entender, permitiendo a los usuarios realizar tareas sin esfuerzo excesivo.
- Navegación clara: La estructura y organización deben ser lógicas, facilitando a los usuarios encontrar lo que buscan.

2. Diseño Centrado en el Usuario:

- Conocimiento del usuario: Entender las necesidades y expectativas de los usuarios para diseñar interfaces que se adapten a ellos.
- Feedback y comunicación: Proporcionar retroalimentación clara sobre las acciones del usuario y comunicarse efectivamente.

3. Consistencia:

- Coherencia visual: Mantener un estilo visual uniforme con colores, tipografía y diseño coherentes en toda la interfaz.
- Consistencia en la interacción: Los elementos y acciones deben comportarse de manera predecible y consistente en toda la aplicación.

4. Accesibilidad:

- Diseño inclusivo: Garantizar que la interfaz sea accesible para todos, considerando diferentes habilidades y limitaciones.
- Cumplimiento de estándares: Seguir pautas de accesibilidad (como WCAG) para garantizar que la interfaz sea usable para todos.

5. Feedback y Respuesta:

- Retroalimentación inmediata: Proporcionar respuesta instantánea a las acciones del usuario para confirmar que la acción fue realizada.

6. Minimizar la Carga Cognitiva:

- Sencillez y claridad: Mantener la interfaz simple y evitar la sobrecarga de información o opciones.

7. Diseño Responsivo:

- Adaptabilidad: Diseñar interfaces que se ajusten a diferentes dispositivos y tamaños de pantalla.

8. Prototipado y Pruebas:

- Iteración: Realizar pruebas de usabilidad y prototipado para mejorar continuamente la interfaz según la retroalimentación del usuario.

9. Estética:

- Diseño visual atractivo: Una interfaz atractiva puede mejorar la experiencia del usuario, pero no debe comprometer la funcionalidad o usabilidad.

Aplicar estos principios al diseñar interfaces de usuario puede conducir a experiencias más agradables y efectivas para los usuarios, mejorando la usabilidad y el impacto de tus aplicaciones.

Mejoras de usabilidad y experiencia del usuario en aplicaciones Tkinter.

Mejorar la usabilidad y la experiencia del usuario en aplicaciones Tkinter implica aplicar principios de diseño centrados en el usuario y adoptar estrategias específicas para optimizar la interacción. Aquí tienes algunas mejoras clave:

1. Diseño Intuitivo:

- Organización lógica: Agrupa y organiza elementos de manera lógica y coherente para facilitar la navegación.
- Clara retroalimentación: Proporciona retroalimentación inmediata sobre acciones del usuario, como cambios de estado, errores o confirmaciones.

2. Simplificación:

- Elimina el exceso de opciones: Reduce el desorden eliminando elementos innecesarios y mantén solo lo esencial para minimizar la carga cognitiva.
- Mensajes claros: Utiliza mensajes claros y concisos para guiar al usuario y evitar confusiones.

3. Diseño Responsivo:

- Adaptabilidad a diferentes pantallas: Asegúrate de que la interfaz se vea y funcione bien en diferentes dispositivos y tamaños de pantalla.

4. Mejora de la Navegación:

- Menús y botones claros: Utiliza nombres y etiquetas claras para botones y menús, facilitando la comprensión de las opciones disponibles.
- Flujo lógico: Diseña una ruta de navegación lógica para que los usuarios encuentren fácilmente lo que buscan.

5. Feedback Instantáneo:

- Respuesta rápida: Proporciona respuestas instantáneas a las acciones del usuario para confirmar que se han realizado.

6. Ayuda y Documentación:

- Instrucciones claras: Proporciona instrucciones claras y ayuda contextual si es necesario.

7. Pruebas de Usabilidad:

- Iteración basada en pruebas: Realiza pruebas de usabilidad con usuarios reales para identificar áreas de mejora y realiza ajustes en función de sus comentarios.

8. Estilo Visual:

- Consistencia visual: Mantén un estilo visual consistente con colores, fuentes y diseño para crear una experiencia cohesiva.

9. Accesibilidad:

- Cumplimiento de estándares de accesibilidad: Asegúrate de que la interfaz sea accesible para todos, siguiendo pautas de accesibilidad.

Aplicar estos principios de mejora de usabilidad y experiencia del usuario en tus aplicaciones Tkinter puede hacer que sean más fáciles de usar y más atractivas, lo que resulta en una mejor experiencia para los usuarios.

Capítulo 12: Recursos Avanzados y Referencias

Recursos adicionales, enlaces a documentación, foros y comunidades.

Aquí tienes algunos recursos adicionales, enlaces a documentación, foros y comunidades que pueden ser útiles para aprender más sobre Tkinter y encontrar apoyo:

Documentación Oficial:

- Documentación oficial de Python Tkinter: La documentación oficial de Tkinter proporciona información detallada, ejemplos y referencias útiles.
    - Documentación de Tkinter en Python.org

Tutoriales y Recursos en línea:

- Real Python - Tkinter: Ofrece tutoriales detallados y guías sobre Tkinter.
    - Real Python - Tkinter
- GeeksforGeeks - Tkinter: Recursos y ejemplos prácticos sobre Tkinter.
    - GeeksforGeeks - Tkinter

Comunidades y Foros:

- Stack Overflow: Un lugar para hacer preguntas y encontrar respuestas sobre problemas específicos de Tkinter.
  - Stack Overflow - Tkinter
- Reddit - r/learnpython: Comunidad para aprender Python que incluye discusiones y preguntas sobre Tkinter.
  - Reddit - r/learnpython

Libros Recomendados:

- "Tkinter GUI Application Development Blueprints" by Bhaskar Chaudhary: Un libro que ofrece ejemplos prácticos y proyectos para aprender Tkinter.
  - Tkinter GUI Application Development Blueprints

Herramientas Adicionales:

- ttkthemes: Una biblioteca que ofrece temas adicionales para Tkinter.
  - ttkthemes
- Pillow: Biblioteca para manipulación de imágenes compatible con Tkinter.
  - Pillow

Comunidades en Redes Sociales:

- Python Tkinter en GitHub: Explora repositorios, contribuciones y preguntas sobre Tkinter.
  - Python Tkinter en GitHub
- Python Discord: Comunidad de Discord con canales dedicados a discutir y aprender sobre Python y Tkinter.
  - Python Discord

Estos recursos ofrecen una amplia gama de información, desde documentación oficial hasta tutoriales, foros de preguntas y comunidades en línea. Explora según tus necesidades específicas y preferencias de aprendizaje para mejorar tus habilidades en Tkinter.

Consejos finales y guía para continuar aprendiendo y mejorando habilidades con Tkinter.

Capítulo 13. Ejercicios para Practicar Tkinter

Aquí tienes algunos ejercicios simples para comenzar a aprender Tkinter desde cero:

Ejemplo 1: Ventana Básica

```python
import tkinter as tk

root = tk.Tk()
root.title("Mi Primera Ventana")

etiqueta = tk.Label(root, text="¡Hola, Tkinter!")
etiqueta.pack()

root.mainloop()
```

Este código crea una ventana simple con una etiqueta que muestra "¡Hola, Tkinter!".

Resultado:

¡Hola, Tkinter!

Ejemplo 2: Botón y Etiqueta Dinámica

```python
import tkinter as tk

def cambiar_texto():
  etiqueta.config(text="¡Hola, Has Presionado el
Botón!")

root = tk.Tk()
root.title("Botón y Etiqueta")

etiqueta = tk.Label(root, text="Presiona el Botón")
etiqueta.pack()

boton = tk.Button(root, text="Presionar",
command=cambiar_texto)
boton.pack()

root.mainloop()
```

Este ejemplo muestra una etiqueta y un botón. Al presionar el
botón, la etiqueta cambia su texto.

Resultado:

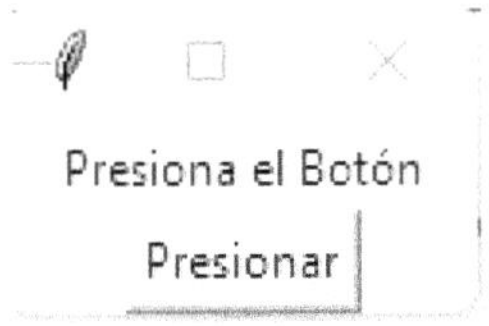

Presiona el Botón

Presionar

Ejemplo 3: Entrada y Botón de Confirmación

```python
import tkinter as tk

def mostrar_texto():
 texto = entrada.get()
 etiqueta.config(text=f"Hola, {texto}!")

root = tk.Tk()
root.title("Entrada y Botón")

etiqueta = tk.Label(root, text="Ingresa tu Nombre:")
etiqueta.pack()

entrada = tk.Entry(root)
entrada.pack()

boton = tk.Button(root, text="Aceptar",
command=mostrar_texto)
boton.pack()

root.mainloop()
```

En este caso, se crea una entrada de texto donde se puede ingresar el nombre. Al presionar el botón "Aceptar", se muestra un saludo personalizado en una etiqueta.

Estos ejemplos son simples para ayudarte a comprender los conceptos básicos de Tkinter. Puedes expandirlos agregando más widgets, cambiando su diseño y explorando diferentes funciones y opciones para obtener una comprensión más sólida de cómo trabajar con Tkinter.

Resultado:

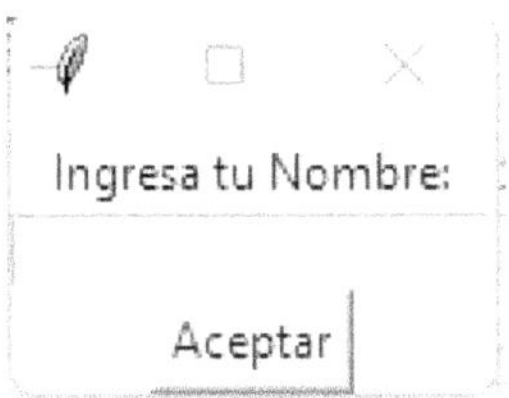

Ejemplo 4: Lista Desplegable y Etiqueta Dinámica

```python
import tkinter as tk

def seleccionar_opcion():
  seleccion = lista_desplegable.get()
  etiqueta.config(text=f"Seleccionaste: {seleccion}")

root = tk.Tk()
root.title("Lista Desplegable y Etiqueta")

opciones = ["Opción 1", "Opción 2", "Opción 3"]

lista_desplegable = tk.StringVar()
lista_desplegable.set(opciones[0]) # Valor inicial

menu = tk.OptionMenu(root, lista_desplegable,
*opciones)
menu.pack()

boton = tk.Button(root, text="Mostrar Selección",
command=seleccionar_opcion)
boton.pack()

etiqueta = tk.Label(root, text="Selecciona una
opción")
etiqueta.pack()

root.mainloop()
```

En este ejemplo, se crea una lista desplegable con opciones predefinidas. Al seleccionar una opción y presionar el botón, se muestra la opción seleccionada en una etiqueta.

Resultado:

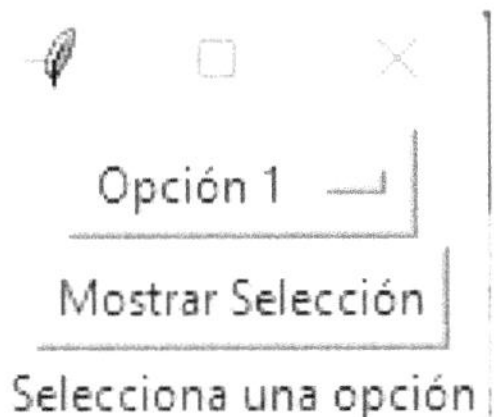

Ejemplo 5: Ventana Emergente con Mensaje

```python
import tkinter as tk
from tkinter import messagebox

def mostrar_mensaje():
 messagebox.showinfo("Ventana Emergente", "¡Esto es
un Mensaje!")

root = tk.Tk()
root.title("Mensaje Emergente")

boton = tk.Button(root, text="Mostrar Mensaje",
command=mostrar_mensaje)
boton.pack()

root.mainloop()
```

Este ejemplo muestra un botón que, al presionarse, abre una
ventana emergente con un mensaje.

Resultado:

Ejemplo 6: Barra de Desplazamiento en un Texto

```python
import tkinter as tk

root = tk.Tk()
root.title("Barra de Desplazamiento")

scrollbar = tk.Scrollbar(root)
scrollbar.pack(side=tk.RIGHT, fill=tk.Y)

texto = tk.Text(root, yscrollcommand=scrollbar.set)
texto.pack()

# Configurar la barra de desplazamiento para
controlar el texto
scrollbar.config(command=texto.yview)

root.mainloop()
```

En este ejemplo, se crea un área de texto con una barra de desplazamiento vertical que permite desplazarse por el contenido del texto cuando este es demasiado largo para caber en la ventana.

Estos ejercicios te ayudarán a seguir explorando diferentes widgets y funcionalidades de Tkinter. Puedes modificarlos y expandirlos para crear interfaces más complejas y funcionales.

Resultado:

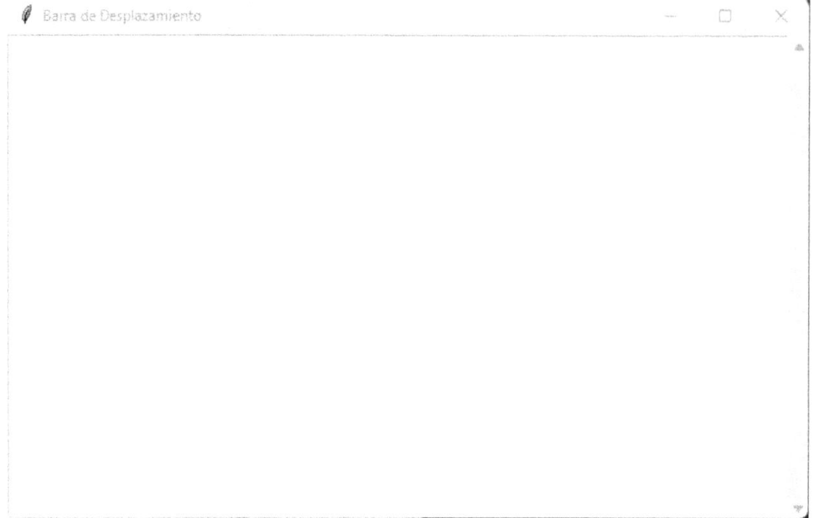

Ejemplo 7: Ventana con Varias Etiquetas y Botones

```python
import tkinter as tk

def mostrar_mensaje(texto):
  etiqueta.config(text=texto)

root = tk.Tk()
root.title("Varias Etiquetas y Botones")

etiqueta = tk.Label(root, text="Presiona un botón")
etiqueta.pack()

boton1 = tk.Button(root, text="Botón 1",
command=lambda: mostrar_mensaje("Has presionado
Botón 1"))
boton1.pack()

boton2 = tk.Button(root, text="Botón 2",
command=lambda: mostrar_mensaje("Has presionado
Botón 2"))
boton2.pack()

boton3 = tk.Button(root, text="Botón 3",
command=lambda: mostrar_mensaje("Has presionado
Botón 3"))
boton3.pack()

root.mainloop()
```

Este ejercicio crea una ventana con varias etiquetas y botones. Cada vez que se presiona un botón, se actualiza una etiqueta con un mensaje específico.

Resultado:

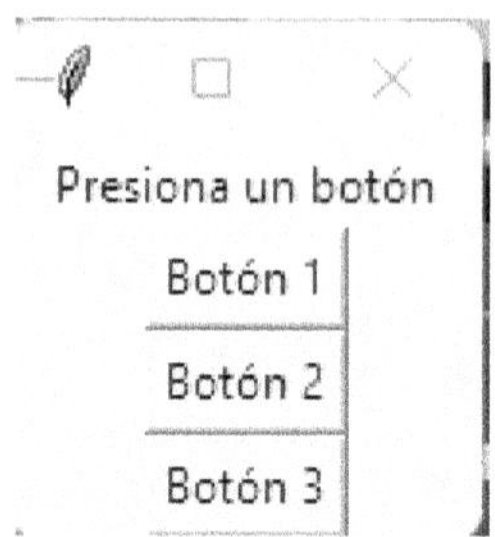

Ejemplo 8: Ventana con Cuadro de Verificación y Texto Dinámico

```python
import tkinter as tk

def actualizar_texto():
 texto = "Seleccionado" if var.get() else "No
Seleccionado"
 etiqueta.config(text=texto)

root = tk.Tk()
root.title("Cuadro de Verificación")

var = tk.BooleanVar()
var.set(False)

check = tk.Checkbutton(root, text="Seleccionar",
variable=var, command=actualizar_texto)
check.pack()

etiqueta = tk.Label(root, text="No Seleccionado")
etiqueta.pack()

root.mainloop()
```

En este caso, se muestra una etiqueta que cambia su texto según si el cuadro de verificación está seleccionado o no.

Resultado:

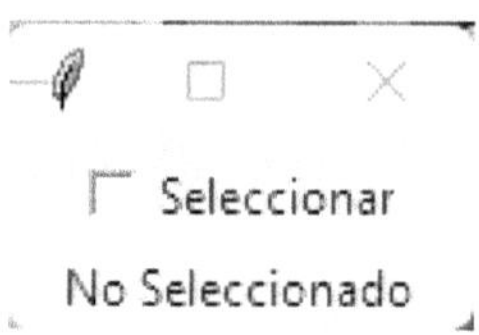

Ejemplo 9: Ventana con Entrada y Botón para Mostrar Texto

```python
import tkinter as tk

def mostrar_texto():
 texto = entrada.get()
 etiqueta.config(text=texto)

root = tk.Tk()
root.title("Entrada y Botón")

etiqueta = tk.Label(root, text="Ingresa un texto:")
etiqueta.pack()

entrada = tk.Entry(root)
entrada.pack()

boton = tk.Button(root, text="Mostrar Texto",
command=mostrar_texto)
boton.pack()

etiqueta = tk.Label(root, text="")
etiqueta.pack()

root.mainloop()
```

Este ejercicio muestra una entrada de texto y un botón. Al escribir texto en la entrada y presionar el botón, se muestra el texto en una etiqueta.

Estos ejemplos adicionales te permitirán practicar con más widgets y funciones de Tkinter, ayudándote a familiarizarte aún más con esta librería. ¡Sigue experimentando y construyendo sobre estos ejercicios para fortalecer tus habilidades con Tkinter!

Resultado:

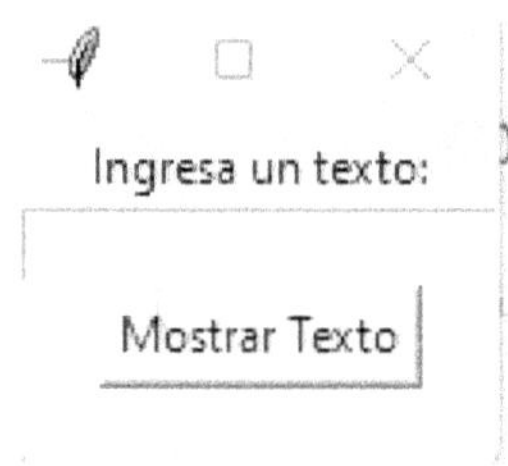

Ejemplo 10: Ventana con Cambio Dinámico de Temas

```python
import tkinter as tk
from tkinter import ttk

def cambiar_tema():
 tema = combo.get()
 style.theme_use(tema)

root = tk.Tk()
root.title("Cambio de Tema")

style = ttk.Style()

temas_disponibles = style.theme_names()
combo = ttk.Combobox(root, values=temas_disponibles)
combo.pack()

boton = tk.Button(root, text="Cambiar Tema",
command=cambiar_tema)
boton.pack()

root.mainloop()
```

En este ejercicio, se crea una ventana con una lista desplegable que muestra los temas disponibles. Al seleccionar un tema y presionar el botón, se cambia el tema de la aplicación.

Resultado:

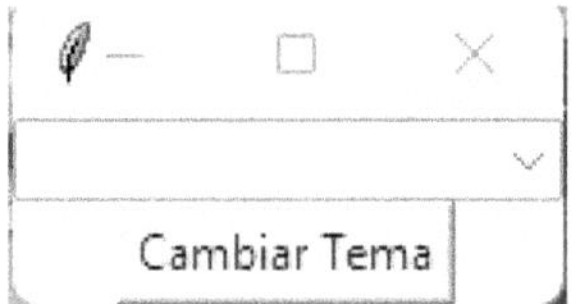

Ejemplo 11: Ventana con Diseño Grid y Widgets

```python
import tkinter as tk

def seleccionar():
 seleccion = var.get()
 etiqueta.config(text=f"Seleccionaste: {seleccion}")

root = tk.Tk()
root.title("Diseño Grid")

etiqueta = tk.Label(root, text="Elige una opción:")
etiqueta.grid(row=0, column=0)

var = tk.StringVar(value="Opción 1")

opciones = ["Opción 1", "Opción 2", "Opción 3"]
for i, opcion in enumerate(opciones):
 radio = tk.Radiobutton(root, text=opcion,
variable=var, value=opcion, command=seleccionar)
 radio.grid(row=i+1, column=0, sticky=tk.W)

etiqueta_resultado = tk.Label(root, text="")
etiqueta_resultado.grid(row=len(opciones)+1,
column=0)

root.mainloop()
```

En este ejercicio, se utiliza el diseño grid para organizar etiquetas y botones de opción. Cuando se selecciona una opción, se actualiza una etiqueta con el resultado.

Resultado:

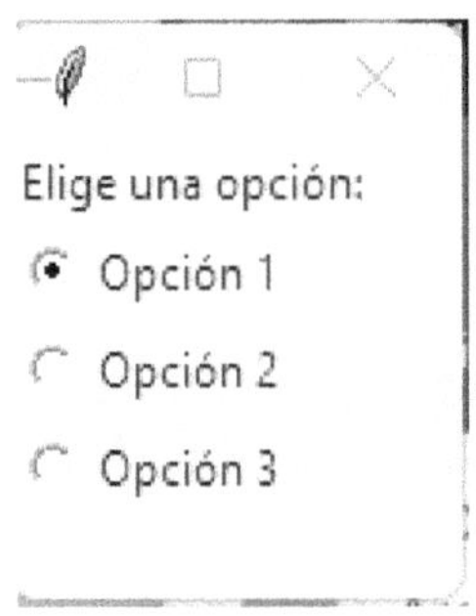

Ejemplo 12: Aplicación de Lista de Tareas con Tkinter

```python
import tkinter as tk

def agregar_tarea():
    tarea = entrada.get()
    if tarea:
        lista_tareas.insert(tk.END, tarea)
        entrada.delete(0, tk.END)

def eliminar_tarea():
    tarea_seleccionada = lista_tareas.curselection()
    if tarea_seleccionada:
        lista_tareas.delete(tarea_seleccionada)

root = tk.Tk()
root.title("Lista de Tareas")

frame_superior = tk.Frame(root)
frame_superior.pack()

etiqueta = tk.Label(frame_superior, text="Nueva
Tarea:")
etiqueta.grid(row=0, column=0)

entrada = tk.Entry(frame_superior)
entrada.grid(row=0, column=1)

boton_agregar = tk.Button(frame_superior,
text="Agregar", command=agregar_tarea)
boton_agregar.grid(row=0, column=2)
```

```python
lista_tareas = tk.Listbox(root)
lista_tareas.pack()

boton_eliminar = tk.Button(root, text="Eliminar",
command=eliminar_tarea)
boton_eliminar.pack()

root.mainloop()
```

Este ejemplo crea una aplicación simple de lista de tareas.
Permite agregar nuevas tareas, mostrarlas en una lista y eliminar
las tareas seleccionadas.

Estos ejercicios intermedios te desafiarán a trabajar con
diferentes widgets, diseños y funcionalidades de Tkinter. ¡Practica
con ellos para mejorar tus habilidades con esta librería!

Resultado:

Lista de Tareas
Nueva Tarea:
Agregar
Eliminar

Ejemplo 13: Aplicación de Conversión de Moneda

```python
import tkinter as tk

def convertir():
 try:
 cantidad = float(entrada_cantidad.get())
 resultado = cantidad *
float(tasas[combo_desde.get()]) /
float(tasas[combo_a.get()])
 etiqueta_resultado.config(text=f"Resultado:
{resultado:.2f} {combo_a.get()}")
 except ValueError:
 etiqueta_resultado.config(text="Ingrese una
cantidad válida")

root = tk.Tk()
root.title("Conversión de Moneda")

tasas = {"USD": 1.0, "EUR": 0.85, "GBP": 0.73} #
Tasas de conversión ficticias

etiqueta_cantidad = tk.Label(root, text="Cantidad:")
etiqueta_cantidad.pack()

entrada_cantidad = tk.Entry(root)
entrada_cantidad.pack()

etiqueta_desde = tk.Label(root, text="De:")
etiqueta_desde.pack()

combo_desde = tk.StringVar()
```

```python
combo_desde.set("USD")
menu_desde = tk.OptionMenu(root, combo_desde,
*tasas.keys())
menu_desde.pack()

etiqueta_a = tk.Label(root, text="A:")
etiqueta_a.pack()

combo_a = tk.StringVar()
combo_a.set("EUR")
menu_a = tk.OptionMenu(root, combo_a, *tasas.keys())
menu_a.pack()

boton_convertir = tk.Button(root, text="Convertir",
command=convertir)
boton_convertir.pack()

etiqueta_resultado = tk.Label(root, text="")
etiqueta_resultado.pack()

root.mainloop()
```

Este ejercicio crea una aplicación básica que convierte una cantidad de una moneda a otra, utilizando tasas de conversión predefinidas.

Resultado:

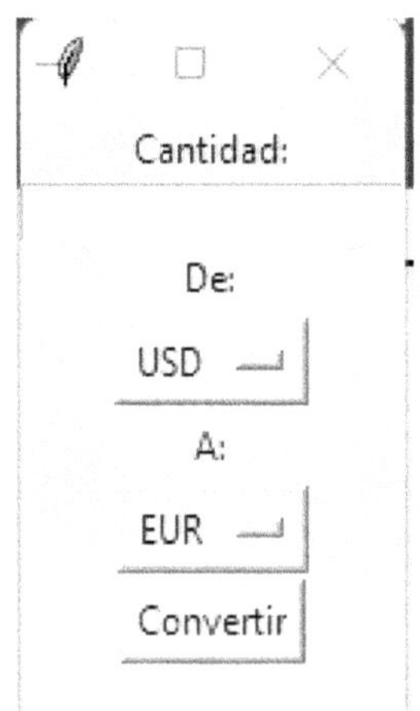

Cantidad:
De:
USD
A:
EUR
Convertir

Ejemplo 14: Aplicación de Notas con Guardado y Carga

```python
import tkinter as tk
import os

def guardar_nota():
    nombre_archivo = entrada_nombre.get()
    texto = texto_nota.get("1.0", tk.END)
    with open(nombre_archivo, 'w') as archivo:
        archivo.write(texto)

def cargar_nota():
    nombre_archivo = entrada_nombre.get()
    if os.path.exists(nombre_archivo):
        with open(nombre_archivo, 'r') as archivo:
            texto = archivo.read()
        texto_nota.delete("1.0", tk.END)
        texto_nota.insert(tk.END, texto)
    else:
        texto_nota.delete("1.0", tk.END)
        texto_nota.insert(tk.END, "Archivo no
encontrado")

root = tk.Tk()
root.title("Aplicación de Notas")

etiqueta_nombre = tk.Label(root, text="Nombre del
Archivo:")
etiqueta_nombre.pack()

entrada_nombre = tk.Entry(root)
entrada_nombre.pack()
```

```python
texto_nota = tk.Text(root)
texto_nota.pack()

boton_guardar = tk.Button(root, text="Guardar",
command=guardar_nota)
boton_guardar.pack()

boton_cargar = tk.Button(root, text="Cargar",
command=cargar_nota)
boton_cargar.pack()

root.mainloop()
```

Este ejemplo crea una aplicación básica para tomar notas que
permite guardar y cargar notas desde archivos.

Resultado:

Aplicación de Notas
Nombre del Archivo:
Guardar
Cargar

Ejemplo 15: Aplicación de CRUD con Tkinter y SQLite

```python
import tkinter as tk
import sqlite3

def crear_tabla():
 conexion = sqlite3.connect("datos.db")
 cursor = conexion.cursor()
 cursor.execute("CREATE TABLE IF NOT EXISTS
estudiantes (id INTEGER PRIMARY KEY, nombre TEXT,
edad INTEGER)")
 conexion.commit()
 conexion.close()

def agregar_estudiante():
 nombre = entrada_nombre.get()
 edad = int(entrada_edad.get())

 conexion = sqlite3.connect("datos.db")
 cursor = conexion.cursor()
 cursor.execute("INSERT INTO estudiantes (nombre,
edad) VALUES (?, ?)", (nombre, edad))
 conexion.commit()
 conexion.close()

def mostrar_estudiantes():
 conexion = sqlite3.connect("datos.db")
 cursor = conexion.cursor()
 cursor.execute("SELECT * FROM estudiantes")
 filas = cursor.fetchall()
 for fila in filas:
 print(fila)
```

```python
    conexion.close()

root = tk.Tk()
root.title("Aplicación de CRUD")

etiqueta_nombre = tk.Label(root, text="Nombre:")
etiqueta_nombre.pack()

entrada_nombre = tk.Entry(root)
entrada_nombre.pack()

etiqueta_edad = tk.Label(root, text="Edad:")
etiqueta_edad.pack()

entrada_edad = tk.Entry(root)
entrada_edad.pack()

crear_tabla()

boton_agregar = tk.Button(root, text="Agregar
Estudiante", command=agregar_estudiante)
boton_agregar.pack()

boton_mostrar = tk.Button(root, text="Mostrar
Estudiantes", command=mostrar_estudiantes)
boton_mostrar.pack()

root.mainloop()
```

Este ejercicio crea una aplicación simple de base de datos con
Tkinter y SQLite, permitiendo agregar y mostrar estudiantes en una
tabla de la base de datos.

Resultado:

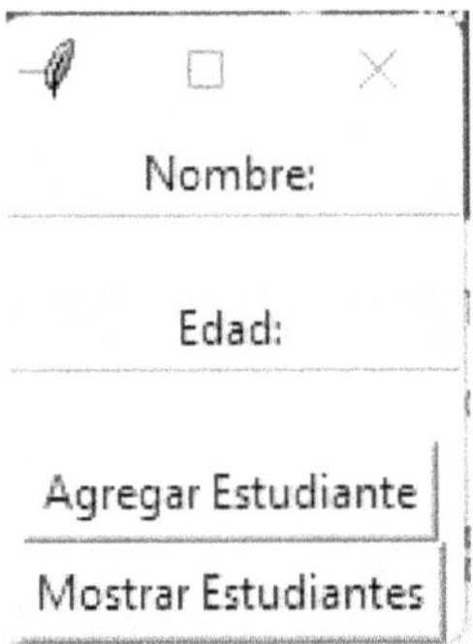

Ejemplo 16: Aplicación de Clima con API

```python
import tkinter as tk
import requests

def obtener_clima():
 ciudad = entrada_ciudad.get()
 url = 
f"http://api.openweathermap.org/data/2.5/weather?q={
ciudad}&appid=YOUR_API_KEY"
 respuesta = requests.get(url)
 datos = respuesta.json()
 temperatura = datos["main"]["temp"] - 273.15 #
Conversión a Celsius
 etiqueta_resultado.config(text=f"Temperatura en
{ciudad}: {temperatura:.2f} °C")

root = tk.Tk()
root.title("Aplicación de Clima")

etiqueta_ciudad = tk.Label(root, text="Ingrese
Ciudad:")
etiqueta_ciudad.pack()

entrada_ciudad = tk.Entry(root)
entrada_ciudad.pack()

boton_obtener_clima = tk.Button(root, text="Obtener
Clima", command=obtener_clima)
boton_obtener_clima.pack()

etiqueta_resultado = tk.Label(root, text="")
etiqueta_resultado.pack()
```

```python
root.mainloop()
```

Este ejercicio crea una aplicación básica que utiliza una API de clima para mostrar la temperatura de una ciudad específica.

Resultado:

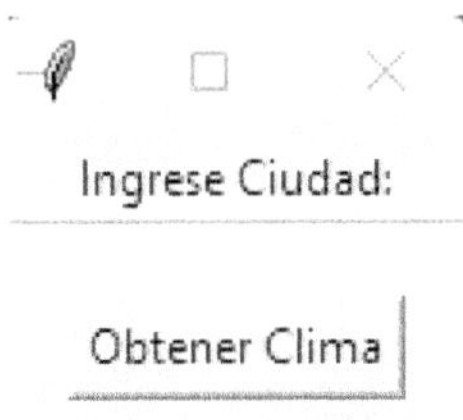

Ejemplo 17: Aplicación de Calculadora

```python
import tkinter as tk

def calcular():
    expresion = entrada.get()
    try:
        resultado = eval(expresion)
        etiqueta_resultado.config(text=f"Resultado:
{resultado}")
    except Exception as e:
        etiqueta_resultado.config(text="Error:
Ingresa una expresión válida")

root = tk.Tk()
root.title("Calculadora")

etiqueta = tk.Label(root, text="Ingrese la
Expresión:")
etiqueta.pack()

entrada = tk.Entry(root)
entrada.pack()

boton_calcular = tk.Button(root, text="Calcular",
command=calcular)
boton_calcular.pack()

etiqueta_resultado = tk.Label(root, text="")
etiqueta_resultado.pack()

root.mainloop()
```

En este ejemplo, se crea una calculadora simple que evalúa expresiones matemáticas ingresadas por el usuario.

Resultado:

Ejemplo 18: Aplicación de Editor de Texto

```python
import tkinter as tk
from tkinter import scrolledtext

def guardar():
 contenido = texto.get("1.0", tk.END)
 nombre_archivo = entrada_nombre.get()
 with open(nombre_archivo, 'w') as archivo:
     archivo.write(contenido)

root = tk.Tk()
root.title("Editor de Texto")

etiqueta_nombre = tk.Label(root, text="Nombre del
Archivo:")
etiqueta_nombre.pack()

entrada_nombre = tk.Entry(root)
entrada_nombre.pack()

texto = scrolledtext.ScrolledText(root, width=40,
height=10)
texto.pack()

boton_guardar = tk.Button(root, text="Guardar",
command=guardar)
boton_guardar.pack()

root.mainloop()
```

En este ejercicio, se crea un editor de texto básico que permite al usuario escribir y guardar texto en un archivo.

Estos ejercicios intermedios abordan la integración con APIs externas para obtener datos, la creación de una calculadora y un editor de texto simple.

Resultado:

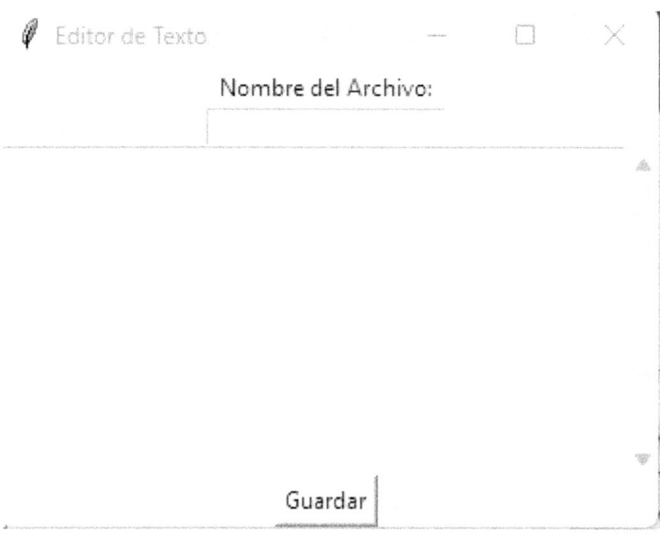

Ejemplo 19: Aplicación de Gestión de Contactos

```python
import tkinter as tk

def agregar_contacto():
 nombre = entrada_nombre.get()
 telefono = entrada_telefono.get()
 lista_contactos.insert(tk.END, f"{nombre} -
{telefono}")

def eliminar_contacto():
 seleccion = lista_contactos.curselection()
 if seleccion:
 lista_contactos.delete(seleccion)

root = tk.Tk()
root.title("Gestión de Contactos")

etiqueta_nombre = tk.Label(root, text="Nombre:")
etiqueta_nombre.pack()

entrada_nombre = tk.Entry(root)
entrada_nombre.pack()

etiqueta_telefono = tk.Label(root, text="Teléfono:")
etiqueta_telefono.pack()

entrada_telefono = tk.Entry(root)
entrada_telefono.pack()

boton_agregar = tk.Button(root, text="Agregar
Contacto", command=agregar_contacto)
boton_agregar.pack()
```

```python
lista_contactos = tk.Listbox(root)
lista_contactos.pack()

boton_eliminar = tk.Button(root, text="Eliminar
Contacto", command=eliminar_contacto)
boton_eliminar.pack()

root.mainloop()
```

Este ejercicio crea una aplicación de gestión de contactos que
permite agregar y eliminar contactos de una lista.

Resultado:

Ejemplo 20: Aplicación de Galería de Imágenes

```python
import tkinter as tk
from PIL import ImageTk, Image
import os

def mostrar_siguiente_imagen():
 global imagen_actual, imagenes
 imagen_actual += 1
 if imagen_actual >= len(imagenes):
 imagen_actual = 0
 mostrar_imagen(imagen_actual)

def mostrar_imagen(numero):
 imagen_path = imagenes[numero]
 imagen = Image.open(imagen_path)
 imagen = imagen.resize((300, 300), Image.ANTIALIAS)
 imagen = ImageTk.PhotoImage(imagen)
 etiqueta_imagen.config(image=imagen)
 etiqueta_imagen.image = imagen

root = tk.Tk()
root.title("Galería de Imágenes")

directorio_imagenes = "ruta/de/tu/directorio" #
Cambia la ruta al directorio que contenga las
imágenes
imagenes = [os.path.join(directorio_imagenes,
imagen) for imagen in
os.listdir(directorio_imagenes)]
imagen_actual = 0

etiqueta_imagen = tk.Label(root)
```

```python
etiqueta_imagen.pack()

boton_siguiente = tk.Button(root, text="Siguiente",
command=mostrar_siguiente_imagen)
boton_siguiente.pack()

mostrar_imagen(imagen_actual)

root.mainloop()
```

En este ejercicio, se crea una galería de imágenes que permite
navegar entre imágenes en un directorio específico.

Ejemplo 21: Aplicación de Gestión de Tareas con Base de Datos

```python
import tkinter as tk
import sqlite3

def crear_tabla():
 conexion = sqlite3.connect("tareas.db")
 cursor = conexion.cursor()
 cursor.execute("CREATE TABLE IF NOT EXISTS tareas
(id INTEGER PRIMARY KEY, tarea TEXT, completada
INTEGER)")
 conexion.commit()
 conexion.close()

def agregar_tarea():
 tarea = entrada_tarea.get()
 conexion = sqlite3.connect("tareas.db")
 cursor = conexion.cursor()
 cursor.execute("INSERT INTO tareas (tarea,
completada) VALUES (?, ?)", (tarea, 0))
 conexion.commit()
 conexion.close()
 mostrar_tareas()

def mostrar_tareas():
 lista_tareas.delete(0, tk.END)
 conexion = sqlite3.connect("tareas.db")
 cursor = conexion.cursor()
 cursor.execute("SELECT * FROM tareas")
 filas = cursor.fetchall()
 for fila in filas:
```

```python
    lista_tareas.insert(tk.END, fila[1])
    conexion.close()

root = tk.Tk()
root.title("Gestión de Tareas")

etiqueta_tarea = tk.Label(root, text="Tarea:")
etiqueta_tarea.pack()

entrada_tarea = tk.Entry(root)
entrada_tarea.pack()

boton_agregar = tk.Button(root, text="Agregar
Tarea", command=agregar_tarea)
boton_agregar.pack()

lista_tareas = tk.Listbox(root)
lista_tareas.pack()

crear_tabla()
mostrar_tareas()

root.mainloop()
```

En este ejercicio, se crea una aplicación de gestión de tareas que utiliza una base de datos SQLite para agregar y mostrar tareas.

Estos ejercicios intermedios abordan la gestión de contactos, la creación de una galería de imágenes y una aplicación de gestión de tareas con base de datos. Te invito a probarlos, ajustarlos y expandirlos según tus necesidades para seguir mejorando tus habilidades con Tkinter.

Resultado:

Ejemplo 22: Aplicación de Cronómetro

```python
import tkinter as tk
import time

def iniciar_cronometro():
 global corriendo
 corriendo = True
 iniciar_tiempo = time.time()
 while corriendo:
 tiempo_transcurrido = time.time() - iniciar_tiempo
 minutos, segundos = divmod(tiempo_transcurrido, 60)
 horas, minutos = divmod(minutos, 60)
 tiempo_actual =
f"{int(horas):02d}:{int(minutos):02d}:{int(segundos)
:02d}"
 etiqueta_tiempo.config(text=tiempo_actual)
 root.update()
 time.sleep(1)

def detener_cronometro():
 global corriendo
 corriendo = False

root = tk.Tk()
root.title("Cronómetro")

etiqueta_tiempo = tk.Label(root, text="00:00:00",
font=("Arial", 20))
etiqueta_tiempo.pack()

boton_iniciar = tk.Button(root, text="Iniciar",
command=iniciar_cronometro)
```

```python
boton_iniciar.pack()

boton_detener = tk.Button(root, text="Detener",
command=detener_cronometro)
boton_detener.pack()

corriendo = False

root.mainloop()
```

Este ejercicio crea un cronómetro simple que muestra el tiempo
transcurrido y permite iniciar y detener la cuenta.

Resultado:

Ejemplo 23: Aplicación de Reproductor de Música

```python
import tkinter as tk
import pygame
from tkinter import filedialog

def seleccionar_archivo():
 archivo = filedialog.askopenfilename()
 if archivo:
 pygame.mixer.init()
 pygame.mixer.music.load(archivo)
 pygame.mixer.music.play()

root = tk.Tk()
root.title("Reproductor de Música")

boton_seleccionar = tk.Button(root,
text="Seleccionar Archivo",
command=seleccionar_archivo)
boton_seleccionar.pack()

root.mainloop()
```

En este ejercicio, se crea un reproductor de música simple que permite seleccionar y reproducir archivos de música.

Resultado:

Seleccionar Archivo

Ejemplo 24: Aplicación de Tablero de Ajedrez

```python
import tkinter as tk

root = tk.Tk()
root.title("Tablero de Ajedrez")

for i in range(8):
 for j in range(8):
 color = "white" if (i + j) % 2 == 0 else "black"
 tk.Label(root, bg=color, width=5,
height=2).grid(row=i, column=j)

root.mainloop()
```

En este ejercicio, se genera un tablero de ajedrez utilizando etiquetas y colores para representar las casillas blancas y negras.

Estos ejercicios intermedios abordan la creación de un cronómetro, un reproductor de música y un tablero de ajedrez. ¡Espero que te sean útiles para seguir explorando y mejorando tus habilidades con Tkinter!

Resultado:

Ejemplo 25: Aplicación de Reloj Digital

```python
import tkinter as tk
import time

def actualizar_reloj():
  tiempo_actual = time.strftime('%H:%M:%S')
  etiqueta_reloj.config(text=tiempo_actual)
  etiqueta_reloj.after(1000, actualizar_reloj)

root = tk.Tk()
root.title("Reloj Digital")

etiqueta_reloj = tk.Label(root, font=("Arial", 24),
bg="black", fg="white")
etiqueta_reloj.pack(padx=20, pady=20)

actualizar_reloj()

root.mainloop()
```

Este ejercicio crea un reloj digital en tiempo real que actualiza la hora
cada segundo.

Resultado:

22:32:06

Ejemplo 26: Aplicación de Calculadora de Propinas

```python
import tkinter as tk

def calcular_propina():
 total = float(entrada_total.get())
 propina = total * (float(combo_porcentaje.get()) /
100)
 etiqueta_propina.config(text=f"Propina:
${propina:.2f}")

root = tk.Tk()
root.title("Calculadora de Propinas")

etiqueta_total = tk.Label(root, text="Total:")
etiqueta_total.pack()

entrada_total = tk.Entry(root)
entrada_total.pack()

etiqueta_porcentaje = tk.Label(root,
text="Porcentaje de Propina:")
etiqueta_porcentaje.pack()

opciones_porcentaje = [i for i in range(5, 26, 5)]
combo_porcentaje = tk.StringVar()
combo_porcentaje.set("15")
menu_porcentaje = tk.OptionMenu(root,
combo_porcentaje, *opciones_porcentaje)
menu_porcentaje.pack()
```

```python
boton_calcular = tk.Button(root, text="Calcular",
command=calcular_propina)
boton_calcular.pack()

etiqueta_propina = tk.Label(root, text="")
etiqueta_propina.pack()


root.mainloop()
```

Este ejercicio crea una calculadora de propinas que calcula el monto de la propina basado en un porcentaje del total.

Resultado:

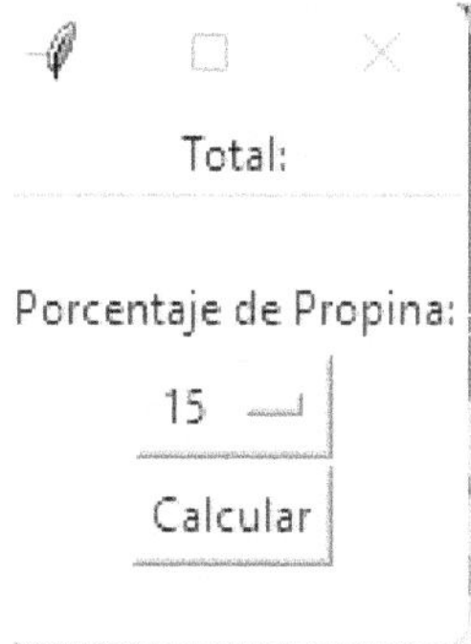

Ejemplo 27: Aplicación de Lista de Compras

```python
import tkinter as tk

def agregar_item():
 item = entrada_item.get()
 lista_compras.insert(tk.END, item)
 entrada_item.delete(0, tk.END)

def eliminar_item():
 seleccion = lista_compras.curselection()
 if seleccion:
 lista_compras.delete(seleccion)

root = tk.Tk()
root.title("Lista de Compras")

etiqueta_item = tk.Label(root, text="Agregar Item:")
etiqueta_item.pack()

entrada_item = tk.Entry(root)
entrada_item.pack()

boton_agregar = tk.Button(root, text="Agregar",
command=agregar_item)
boton_agregar.pack()

lista_compras = tk.Listbox(root)
lista_compras.pack()

boton_eliminar = tk.Button(root, text="Eliminar",
command=eliminar_item)
```

```python
boton_eliminar.pack()

root.mainloop()
```

En este ejercicio, se crea una aplicación de lista de compras que permite
agregar y eliminar ítems de una lista.

Resultado:

Ejemplo 28: Aplicación de Conversor de Unidades

```python
import tkinter as tk

def convertir():
 valor = float(entrada_valor.get())
 unidad_origen = combo_origen.get()
 unidad_destino = combo_destino.get()

 if unidad_origen == "Metro" and unidad_destino ==
"Pulgada":
 resultado = valor * 39.37
 elif unidad_origen == "Pulgada" and unidad_destino
== "Metro":
 resultado = valor / 39.37
 else:
 resultado = valor # Agregar más conversiones según
necesidad

 etiqueta_resultado.config(text=f"Resultado:
{resultado:.2f} {unidad_destino}")

root = tk.Tk()
root.title("Conversor de Unidades")

etiqueta_valor = tk.Label(root, text="Valor:")
etiqueta_valor.pack()

entrada_valor = tk.Entry(root)
entrada_valor.pack()
```

```python
etiqueta_origen = tk.Label(root, text="Unidad de
Origen:")
etiqueta_origen.pack()

combo_origen = tk.StringVar()
combo_origen.set("Metro")
menu_origen = tk.OptionMenu(root, combo_origen,
"Metro", "Pulgada")
menu_origen.pack()

etiqueta_destino = tk.Label(root, text="Unidad de
Destino:")
etiqueta_destino.pack()

combo_destino = tk.StringVar()
combo_destino.set("Pulgada")
menu_destino = tk.OptionMenu(root, combo_destino,
"Metro", "Pulgada")
menu_destino.pack()

boton_convertir = tk.Button(root, text="Convertir",
command=convertir)
boton_convertir.pack()

etiqueta_resultado = tk.Label(root, text="")
etiqueta_resultado.pack()

root.mainloop()
```

En este ejercicio, se crea una aplicación que convierte valores entre metros y pulgadas.

Resultado:

Valor:
Unidad de Origen:
Metro
Unidad de Destino:
Pulgada
Convertir

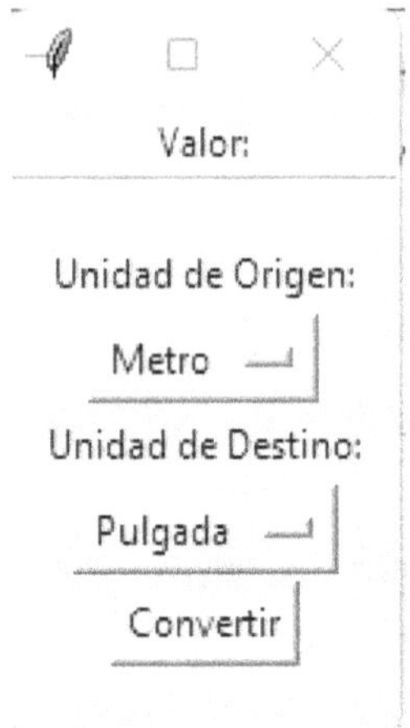

Ejemplo 29: Aplicación de Generador de Contraseñas

```python
import tkinter as tk
import random
import string

def generar_contrasena():
 longitud = int(entrada_longitud.get())
 contrasena =
''.join(random.choices(string.ascii_letters +
string.digits + string.punctuation, k=longitud))
 etiqueta_contrasena.config(text=f"Contraseña
Generada: {contrasena}")

root = tk.Tk()
root.title("Generador de Contraseñas")

etiqueta_longitud = tk.Label(root,
```

Resultado:

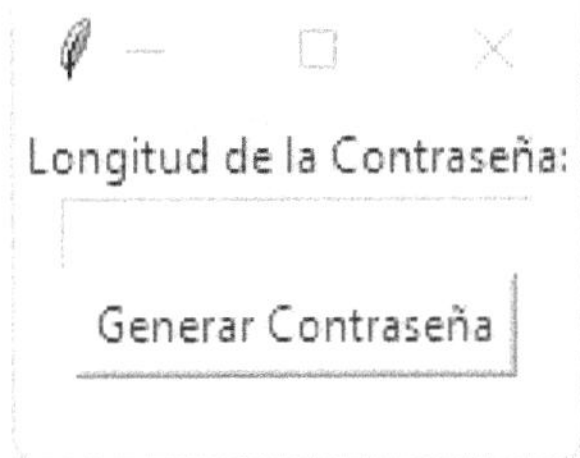

Ejemplo 30: Aplicación de Gestión de Notas con Funcionalidades Avanzadas

```python
import tkinter as tk
from tkinter import messagebox

class AplicacionNotas(tk.Tk):
 def __init__(self):
     super().__init__()
      self.title("Gestión de Notas")

     self.crear_interfaz()
      self.crear_menu()

     self.notas = []

 def crear_interfaz(self):
     self.etiqueta_titulo = tk.Label(self,
text="Título:")
     self.etiqueta_titulo.grid(row=0, column=0)

     self.entrada_titulo = tk.Entry(self)
     self.entrada_titulo.grid(row=0, column=1)

      self.etiqueta_contenido = tk.Label(self,
text="Contenido:")
     self.etiqueta_contenido.grid(row=1, column=0)

     self.texto_contenido = tk.Text(self, height=10,
width=30)
      self.texto_contenido.grid(row=1, column=1)
```

```python
        self.boton_agregar = tk.Button(self,
text="Agregar Nota", command=self.agregar_nota)
        self.boton_agregar.grid(row=2, columnspan=2)

        self.lista_notas = tk.Listbox(self, height=10,
width=40)
        self.lista_notas.grid(row=3, columnspan=2)
        self.lista_notas.bind("<<ListboxSelect>>",
self.mostrar_nota_seleccionada)

  def crear_menu(self):
        self.menu_principal = tk.Menu(self)
        self.config(menu=self.menu_principal)

        self.menu_archivo =
tk.Menu(self.menu_principal, tearoff=0)
        self.menu_archivo.add_command(label="Guardar",
command=self.guardar_notas)
        self.menu_archivo.add_separator()
        self.menu_archivo.add_command(label="Salir",
command=self.salir)

self.menu_principal.add_cascade(label="Archivo",
menu=self.menu_archivo)

  def agregar_nota(self):
        titulo = self.entrada_titulo.get()
        contenido = self.texto_contenido.get("1.0",
tk.END)
        if titulo and contenido.strip():
            self.notas.append((titulo, contenido))
            self.actualizar_lista_notas()
            self.limpiar_entradas()
        else:
            messagebox.showwarning("Error", "Por
favor, completa el título y el contenido de la
nota.")
```

```python
    def mostrar_nota_seleccionada(self, event):
        try:
            indice =
self.lista_notas.curselection()[0]
 nota_seleccionada = self.notas[indice]
            self.entrada_titulo.delete(0, tk.END)
            self.entrada_titulo.insert(tk.END,
nota_seleccionada[0])
            self.texto_contenido.delete("1.0",
tk.END)
            self.texto_contenido.insert(tk.END,
nota_seleccionada[1])
        except IndexError:
 pass

    def actualizar_lista_notas(self):
        self.lista_notas.delete(0, tk.END)
        for titulo, _ in self.notas:
        self.lista_notas.insert(tk.END, titulo)

    def limpiar_entradas(self):
        self.entrada_titulo.delete(0, tk.END)
        self.texto_contenido.delete("1.0", tk.END)

    def guardar_notas(self):
        with open("notas.txt", "w") as archivo:
        for titulo, contenido in self.notas:
        archivo.write(f"Título: {titulo}\n")
        archivo.write(f"Contenido:\n{contenido}\n\n")

    def salir(self):
        self.guardar_notas()
        self.destroy()

if __name__ == "__main__":
 app = AplicacionNotas()
 app.mainloop()
```

Este ejercicio crea una aplicación de gestión de notas con una interfaz más avanzada, utilizando listas, entradas de texto y menús. La aplicación permite agregar, seleccionar y guardar notas, proporcionando una funcionalidad más avanzada para administrar información de forma dinámica.

Siéntete libre de modificar y ampliar este código para adaptarlo a tus necesidades o para agregar funcionalidades adicionales. ¡Explora y disfruta de la construcción de interfaces más complejas con Tkinter!

Resultado:

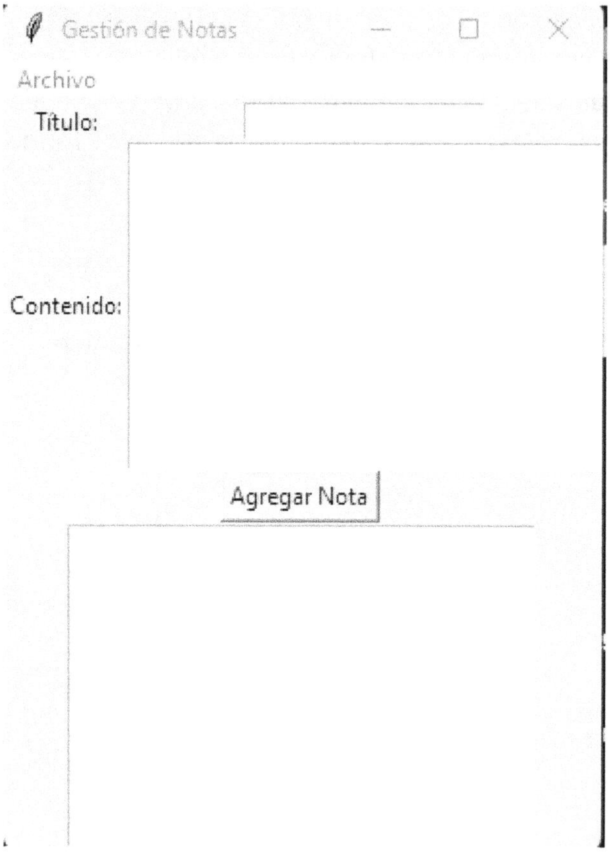

Gestión de Notas

Archivo

Título:

Contenido:

Agregar Nota

Ejemplo 31: Juego de Adivinar el Número

```python
import tkinter as tk
import random

def verificar_numero():
    try:
        guess = int(entrada.get())
        if guess == numero_secreto:
            resultado.config(text="¡Correcto! Has
adivinado el número.")
        elif guess < numero_secreto:
            resultado.config(text="El número es
mayor.")
        else:
            resultado.config(text="El número es
menor.")
    except ValueError:
        resultado.config(text="Error: Ingresa un
número válido")

root = tk.Tk()
root.title("Adivina el Número")

numero_secreto = random.randint(1, 100)

etiqueta = tk.Label(root, text="Adivina el número
(entre 1 y 100):")
etiqueta.pack(pady=10)

entrada = tk.Entry(root, width=20)
```

```python
entrada.pack()

boton_verificar = tk.Button(root, text="Verificar",
command=verificar_numero)
boton_verificar.pack(pady=5)

resultado = tk.Label(root, text="", font=("Arial",
12))
resultado.pack(pady=10)

root.mainloop()
```

Resultado:

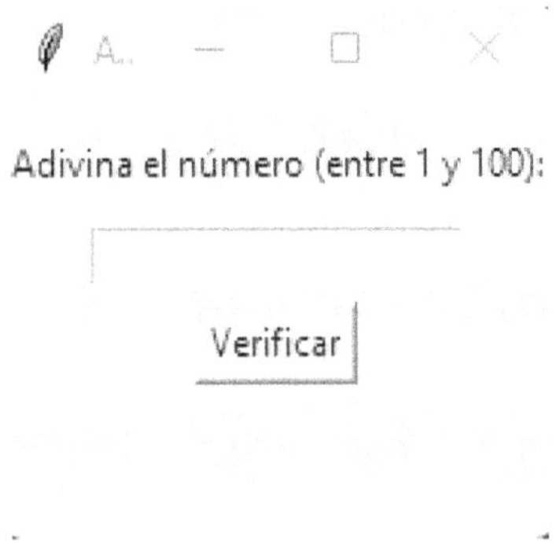

Ejemplo 32: Calculadora Básica.

```python
import tkinter as tk

def click(valor):
    entrada.insert(tk.END, valor)

def calcular():
    try:
        resultado = eval(entrada.get())
        entrada.delete(0, tk.END)
        entrada.insert(tk.END, str(resultado))
    except Exception as e:
        entrada.delete(0, tk.END)
        entrada.insert(tk.END, "Error")

root = tk.Tk()
root.title("Calculadora")

entrada = tk.Entry(root, width=25, font=("Arial",
14))
entrada.grid(row=0, column=0, columnspan=4)

botones = [
    '7', '8', '9', '/',
    '4', '5', '6', '*',
    '1', '2', '3', '-',
    'C', '0', '=', '+'
]

fila = 1
columna = 0

for boton in botones:
    if boton != '=':
```

```python
        tk.Button(root, text=boton, width=5,
command=lambda valor=boton:
click(valor)).grid(row=fila, column=columna)
    else:
        tk.Button(root, text=boton, width=5,
command=calcular).grid(row=fila, column=columna)
    columna += 1
    if columna > 3:
        columna = 0
        fila += 1

root.mainloop()
```

Resultado:

Ejemplo 33: Aplicación de Notas.

```python
import tkinter as tk

def guardar():
    nota = entrada.get("1.0", tk.END)
    with open("nota.txt", "w") as archivo:
        archivo.write(nota)

root = tk.Tk()
root.title("Notas")

entrada = tk.Text(root, height=20, width=50)
entrada.pack()

boton_guardar = tk.Button(root, text="Guardar Nota",
command=guardar)
boton_guardar.pack()

root.mainloop()
```

Resultado:

Notas

Guardar Nota

Ejemplo 34: Reloj Digital.

```python
import tkinter as tk
import time

def actualizar_hora():
    hora_actual = time.strftime("%H:%M:%S")
    reloj.config(text=hora_actual)
    reloj.after(1000, actualizar_hora)

root = tk.Tk()
root.title("Reloj Digital")

reloj = tk.Label(root, font=("Arial", 50),
bg="black", fg="white")
reloj.pack(padx=20, pady=20)

actualizar_hora()
root.mainloop()
```

Resultado:

14:35:36

Ejemplo 35: Convertidor de Temperatura.

```python
import tkinter as tk

def convertir():
    try:
        temp_celsius = float(entrada.get())
        temp_fahrenheit = (temp_celsius * 9/5) + 32
        resultado.config(text=f"{temp_fahrenheit}
°F")
    except ValueError:
        resultado.config(text="Error: Ingresa un
número válido")

root = tk.Tk()
root.title("Convertidor de Temperatura")

entrada = tk.Entry(root, width=20)
entrada.pack(padx=20, pady=10)

boton_convertir = tk.Button(root, text="Convertir",
command=convertir)
boton_convertir.pack(pady=5)

resultado = tk.Label(root, text="", font=("Arial",
18))
resultado.pack(pady=10)

root.mainloop()
```

Resultado:

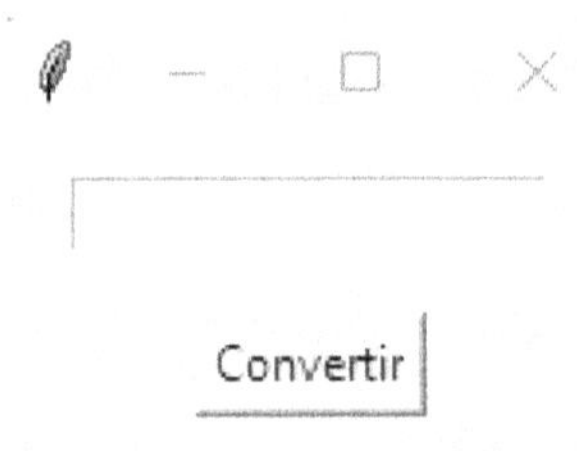

Capítulo 13: Conclusiones Finales y Proyectos de Práctica.

En este libro de ejercicios, hemos explorado las vastas posibilidades que ofrece Tkinter para crear interfaces gráficas en Python. Desde los conceptos fundamentales hasta proyectos intermedios, hemos recorrido un viaje emocionante para comprender y aplicar esta librería.

A lo largo de nuestras lecciones, hemos aprendido a construir ventanas, trabajar con widgets, manejar eventos, e incluso integrar Tkinter con otras tecnologías como bases de datos y herramientas de diseño.

Al finalizar este recorrido, es importante recordar que Tkinter es una herramienta versátil que puede llevarnos más allá de las interfaces básicas. La práctica continua, la experimentación y la resolución de problemas nos permitirán desarrollar aplicaciones más complejas y funcionales.

Recuerda, el aprendizaje no termina aquí. La comunidad, la documentación actualizada y la exploración constante de proyectos reales serán tus aliados para seguir mejorando. Así que, ¡continúa explorando, desarrollando y disfrutando del proceso de crear con Tkinter!

Esperamos que este libro te haya brindado las bases necesarias para que te sientas inspirado y confiado para embarcarte en tus propios proyectos con Tkinter. ¡El mundo de las interfaces gráficas en Python está a tu alcance!

Aquí tienes algunos consejos y una guía para seguir aprendiendo y mejorando tus habilidades con Tkinter:

1. Práctica Continua:

- Experimenta: Crea proyectos simples y complejos para aplicar lo que aprendes.
- Modifica Ejemplos: Toma ejercicios existentes y hazles mejoras o cambios para entender cómo funcionan.

2. Documentación y Recursos:

- Explora la Documentación: La documentación oficial de Tkinter tiene ejemplos y detalles completos sobre widgets y funciones.
- Tutoriales y Libros: Realiza tutoriales en línea o busca libros dedicados a Tkinter para aprender más a fondo.

3. Proyectos Personales:

- Desarrolla Proyectos: Crea aplicaciones que te interesen, como gestores de tareas, calculadoras, juegos simples, etc.
- Resuelve Problemas: Utiliza Tkinter para resolver problemas de la vida real o automatizar tareas.

4. Comunidad y Colaboración:

- Foros y Comunidades: Únete a comunidades en línea como Stack Overflow, Reddit o Discord para hacer preguntas y aprender de otros.
- Colabora: Considera contribuir a proyectos de código abierto relacionados con Tkinter para ganar experiencia.

5. Amplía tu Conocimiento:

Estilos de Diseño: Aprende sobre diseño de interfaces, UX/UI para crear interfaces más atractivas y funcionales.
- Integración con otras Tecnologías: Explora cómo Tkinter se puede integrar con otras librerías y tecnologías.

6. Resolución de Problemas:

- Prueba, Error y Solución: A veces, experimentar y cometer errores es la mejor manera de aprender.
- Desarrolla tu Lógica: Resuelve problemas pequeños con Tkinter para mejorar tu pensamiento lógico.

7. Actualízate:

- Nuevas Versiones: Mantente actualizado con nuevas versiones de Python y Tkinter para aprovechar nuevas características y mejoras.

8. Paciencia y Persistencia:

- Se Paciente: Aprender cualquier tecnología lleva tiempo. No te desanimes si encuentras desafíos.
- Persiste: La práctica constante te ayudará a mejorar constantemente.

Tkinter es una herramienta poderosa para crear interfaces gráficas en Python. Al seguir estos consejos y mantener una actitud de aprendizaje continuo, podrás mejorar tus habilidades y desarrollar aplicaciones más sofisticadas con el tiempo. ¡Sigue explorando y divirtiéndote con Tkinter!